Roberts Ogosu

Segurança dos sistemas de informação para as PME

Roberts Ogosu

Segurança dos sistemas de informação para as PME

Perspetiva da gestão

ScienciaScripts

Cover image: www.ingimage.com

This book is a translation from the original published under ISBN 978-3-659-89409-1.

Publisher:
Sciencia Scripts
is a trademark of
Dodo Books Indian Ocean Ltd. and OmniScriptum S.R.L publishing group

120 High Road, East Finchley, London, N2 9ED, United Kingdom
Str. Armeneasca 28/1, office 1, Chisinau MD-2012, Republic of Moldova, Europe
Managing Directors: Ieva Konstantinova, Victoria Ursu
info@omniscriptum.com

Printed at: see last page
ISBN: 978-620-8-58277-7

Resumo

Os sistemas de informação tornaram-se elementos fundamentais das organizações empresariais, uma vez que as grandes, pequenas e médias empresas dependem fortemente deles para apoiar os seus processos empresariais. A segurança destes sistemas de informação é um dos maiores desafios que as grandes organizações e as pequenas e médias empresas enfrentam, uma vez que os líderes destas organizações estão conscientes da importância da segurança dos sistemas de informação, mas esta não é uma das suas prioridades. Este projeto tem como objetivo analisar a razão pela qual a segurança dos sistemas de informação é vista como uma questão de gestão e não como uma questão de tecnologia da informação. Examina como os gestores de pequenas e médias empresas podem melhorar a resistência às ameaças à sua informação. Também identifica vulnerabilidades comuns nos sistemas de informação das pequenas e médias empresas. A investigação foi conduzida utilizando um método de investigação qualitativa e uma estratégia de investigação de estudo de caso, sendo as entrevistas e as observações de grupos de discussão os métodos de recolha de dados empíricos utilizados pelo investigador. Os resultados da análise dos dados mostram que os gestores das pequenas e médias empresas consideram que a segurança dos sistemas de informação é uma questão de gestão e não uma questão de tecnologia da informação. Foram identificadas as vulnerabilidades dos sistemas de informação, as ameaças e as actuais medidas de proteção dos sistemas de informação adoptadas pelas pequenas e médias empresas. O relatório conclui com recomendações de boas práticas sobre a forma como os gestores podem melhorar a resistência às ameaças dos seus sistemas de informação. A implicação dos resultados desta investigação é fornecer um plano flexível de controlos de segurança para os sistemas de informação das pequenas e médias empresas, a fim de satisfazer os actuais requisitos de segurança organizacional e as futuras exigências de proteção baseadas na evolução dos requisitos e da tecnologia.

Agradecimentos

Gostaria de expressar a minha profunda gratidão ao meu tutor de revisão académica e supervisor do projeto, Dr. Kevin Hapeshi, cuja orientação, motivação e ideias ajudaram a tornar este projeto de investigação um sucesso.

Gostaria também de agradecer a Godfried Williams, a Tina McCausland, à bibliotecária da Universidade de Gloucestershire, pelo seu apoio, e à direção e ao pessoal das pequenas e médias empresas utilizadas como estudos de caso para esta investigação, que me deram uma audiência para entrevistas e observações, apesar dos seus horários apertados.

Estou muito grato à minha família e amigos, especialmente aos meus pais, Chefe Casca e Dorothy Ogosu, e aos meus irmãos Chunda, Ruth e Theresa, pelo seu apoio emocional, financeiro, académico e técnico ao longo deste período. Um agradecimento especial à tia Isabella, ao Rufaro, ao Jess, ao Sean, ao Alfred "Freddy" Okon, ao Emmanuel "Roy Lopez" Obah, ao Omini Raymond e ao Luke Odia pelo seu apoio e encorajamento.

Índice

1. Introdução

Na última década, os sistemas de informação tornaram-se parte integrante das pequenas e grandes organizações. Com a sua capacidade de processar dados de forma rápida, precisa e segura, alteraram fundamentalmente a economia das organizações e aumentaram significativamente as oportunidades de organização do trabalho, excelência operacional e vantagem competitiva. Com a implantação de redes empresariais interligadas, transacções comerciais e comunicações baseadas na Internet para apoiar os processos comerciais das organizações, os seus sistemas de informação tornaram-se mais vulneráveis a uma grande variedade de ameaças internas e externas à organização, afectando negativamente a confidencialidade, integridade e disponibilidade da informação que processam. Estas ameaças podem conduzir a perdas significativas para as organizações e impedir o seu crescimento contínuo e a utilização dos aspectos benéficos dos seus sistemas de informação.

A segurança dos sistemas de informação nas pequenas e médias empresas caracteriza-se pela complexidade do sistema e pela interdependência de um grande número de factores e elementos (fator humano, hardware, software e dados) que interagem entre si. Vários investigadores afirmam que existe um fosso substancial na segurança dos sistemas de informação entre as grandes e as pequenas e médias empresas, citando a escassez de recursos, o menor cumprimento da regulamentação e a falta de consciência das consequências negativas. Na maior parte das vezes, a segurança dos sistemas de informação nas pequenas e médias empresas é vista como uma questão técnica, o que tem levado a uma falta de atenção por parte da direção destas organizações, quando é vital que a direção desempenhe um papel vital na conceção e implementação de políticas de segurança na organização, pois é ela que é responsável pelas consequências no caso de um incidente de segurança.

Esta investigação centra-se na perspetiva da gestão da segurança dos sistemas de informação das pequenas e médias empresas, com um estudo de caso de duas PME em Londres, que serão designadas por Empresa A e Empresa B por razões de anonimato.

1.1 Finalidades e objectivos da presente investigação :

Esta investigação tem como objetivo responder à seguinte questão: "Porque é que a segurança dos sistemas de informação é considerada uma questão de gestão e como podem os gestores das pequenas e médias empresas melhorar a resiliência às ameaças à segurança dos seus sistemas de informação? A ideia da investigação é conceptualizada sobre a forma como os gestores das pequenas e médias empresas podem melhorar o nível de segurança para mitigar as ameaças ao seu sistema de informação. Para tal, foram identificados alguns objectivos de investigação, nomeadamente

a) Analisar por que razão a segurança dos sistemas de informação nas pequenas e médias empresas é uma questão de gestão e não uma questão de TI.
b) Analisar a forma como os gestores de pequenas e médias empresas podem melhorar a sua resistência às ameaças aos seus sistemas de informação.
c) Identificar as vulnerabilidades e ameaças comuns aos sistemas de informação das pequenas e médias organizações.
d) Identificar as medidas específicas de prevenção, deteção e correção disponíveis para garantir a segurança dos sistemas de informação nas pequenas e médias empresas.
e) Avaliar os critérios que podem ser utilizados para examinar a eficácia da segurança dos sistemas de informação nas pequenas e médias empresas.

1.2 Contexto da investigação

Há muitas provas de que a gestão das pequenas e médias empresas precisa de abordar as questões de segurança associadas aos seus sistemas de informação. Depois de analisar uma série de artigos sobre segurança dos sistemas de informação escritos por outros investigadores, o investigador conseguiu identificar uma lacuna metodológica na medida em que a gestão destas empresas se concentra na adoção de novas tecnologias para melhorar os seus processos de negócio e ganhar vantagem competitiva, enquanto a segurança dos seus sistemas de informação é uma questão secundária, resultando numa resposta reactiva que coloca a empresa na defensiva.

A perceção da segurança dos sistemas de informação como uma questão de gestão e não de tecnologia da informação motivou esta investigação e o investigador foi capaz de identificar uma abordagem e propor uma solução para o problema.

1.3 Importância deste projeto de investigação

A importância deste projeto de investigação é a seguinte

a. Fornecer um método de gestão da segurança que permita às pequenas e médias empresas desenvolver e manter a segurança dos seus sistemas de informação.

b. Fornecer um modelo flexível de controlo de segurança para os sistemas de informação das pequenas e médias empresas, a fim de satisfazer os actuais requisitos de segurança organizacional e as futuras exigências de proteção à medida que os requisitos e as tecnologias evoluem.

c. Melhorar a literatura sobre a segurança dos sistemas de informação para as PME, fornecendo dados de investigação sob a forma do presente relatório à Direção das Pequenas e Médias Empresas.

d. Cumprir os requisitos para a atribuição do Mestrado em Gestão de Tecnologias da Informação pela Universidade de Gloucestershire.

1.4 Âmbito de aplicação e limitações

A segurança dos sistemas de informação é uma questão crucial para as pequenas e médias empresas, principalmente devido à falta de atenção que lhe é dada pela direção destas organizações. No entanto, todos os anos, milhões de libras são perdidas e informações vitais são roubadas em resultado de ataques aos seus sistemas de informação. Para posicionar esta investigação e destacar o seu contributo para as pequenas e médias empresas, o investigador definiu um âmbito claro e adoptou uma abordagem de investigação adaptada ao público-alvo.

Esta investigação limita-se às pequenas e médias empresas que operam em Londres, com um estudo de caso das empresas A e B, e centra-se na perspetiva da gestão das ameaças à segurança dos seus sistemas de informação. Não foi possível recolher um número ótimo de amostras devido a limitações de tempo e de orçamento, uma vez que algumas das pequenas e médias empresas contactadas pelo investigador se mostraram relutantes em fornecer informações, o que se explica pelo seu código de ética. A investigação centrou-se principalmente nos gestores das organizações escolhidas, com uma pequena contribuição de outros funcionários, mas o investigador acredita que os resultados desta investigação não só fornecerão um plano de controlo de segurança para os sistemas de informação das pequenas e médias empresas, como também criarão uma plataforma para outros investigadores melhorarem este assunto.

1.5 Esboço de um projeto de investigação

Este relatório de projeto de investigação aborda algumas ideias técnicas e comerciais importantes relacionadas com a segurança dos sistemas de informação para pequenas e médias empresas num estilo de escrita simples. Graças à escolha do modelo de investigação, o relatório foi dividido em 6 capítulos com uma lista de referências citadas, uma bibliografia (todas utilizando o estilo de referência APA) e apêndices no final.

O Capítulo 2 apresenta a compreensão, aplicação, análise, síntese e avaliação do investigador da literatura existente sobre segurança dos sistemas de informação para pequenas e médias empresas, centrando-se nos tipos de sistemas de informação e nos seus desafios de segurança. Discute também algumas normas e quadros de gestão da segurança dos sistemas de informação importantes para este tópico de investigação.

A metodologia de investigação é apresentada no Capítulo 3 do presente relatório, com uma justificação da escolha do método de investigação, das técnicas de recolha de dados e da forma como os dados primários serão analisados.

O capítulo 4 analisa os dados recolhidos nas entrevistas com a direção e o pessoal dos estudos de caso selecionados e na observação dos grupos de discussão.

O Capítulo 5 analisa os resultados do Capítulo 4 para responder aos objectivos da investigação, enquanto o Capítulo 6 apresenta as recomendações dos investigadores e as observações finais sobre possíveis áreas de estudo futuras relacionadas com este projeto de investigação.

2. Revisão da literatura

2.1 Pequenas e médias empresas

As pequenas e médias empresas são uma parte importante da atividade económica do Reino Unido, criando emprego e riqueza e gerando ideias inovadoras. De acordo com Mobbs (2011), as pequenas e médias empresas no Reino Unido representam 99,9% de todas as empresas do sector privado. O ISSA-UK (2011) afirma que as pequenas e médias empresas desempenham um papel importante nos contratos públicos das grandes organizações, devido às suas despesas gerais reduzidas, aos processos de aprovação mais rápidos e à resposta rápida e eficaz às alterações das necessidades das empresas.

Muitos especialistas descrevem as pequenas e médias empresas de diferentes formas, algumas das quais incluem o número de trabalhadores, o volume de negócios e as receitas, mas, para efeitos de segurança e contramedidas, a ISSA-UK (2011) define uma pequena e média empresa pelo número de trabalhadores, uma vez que este é o principal fator que influencia os métodos de trabalho, a estrutura organizacional, a cultura e os serviços de TI. A Comissão Europeia (2005) também as descreve como uma fonte fundamental de emprego, uma vez que criam inovação e empreendedorismo na UE, gerando emprego e promovendo a competitividade.

De acordo com Lacey e James (2011), existem três categorias de pequenas e médias empresas, nomeadamente micro, pequenas e médias empresas, que podem ser diferenciadas de acordo com o seu número de efectivos (dimensão), volume de negócios e balanço. Afirmam ainda que as necessidades de segurança da informação de uma pequena e média empresa dependem da sua força de trabalho. Lacey e James (2011) e ISSA-UK (2011) também afirmam que, para além do número de funcionários, outros factores influenciam a abordagem de uma PME à segurança da informação. Estes incluem o sector industrial em que operam, a idade e a maturidade operacional da organização, as fontes de investimento e o estilo de gestão. Outros factores incluem a estratégia competitiva adoptada pela organização e as opiniões pessoais dos gestores (diretores).

2.2 Sistemas de informação

Na era digital, a eficiência das operações e a prestação atempada de serviços por parte das pequenas e médias empresas estão altamente dependentes da sua utilização de sistemas de informação. Stahl (2008) descreve o sistema de informação como um conjunto de componentes interdependentes que inclui pessoas, tecnologias da informação (hardware e software) e processos utilizados para atingir um objetivo empresarial. Explica ainda que envolve a utilização das TI e dos recursos conexos para atingir os objectivos organizacionais através da tomada de decisões, da coordenação e do controlo dos processos empresariais. Laudon e Laudon (2011) argumentam que, embora o sistema de informação apoie a coordenação, o controlo e a tomada de decisões numa pequena ou média empresa, também apoia os gestores e os trabalhadores através da análise metodológica de problemas, da visualização de problemas complexos, da integração de vários departamentos e da criação de novas ideias e produtos.

De acordo com Rainer e Cegielski (2010), uma das principais razões pelas quais as pequenas e médias empresas utilizam sistemas de informação é facilitar os cálculos digitais de grande volume e alta velocidade, assegurar uma comunicação rápida e precisa dentro da empresa e aumentar a eficiência e a eficácia dos seus empregados que trabalham no mesmo local ou em locais diferentes. Outras razões incluem a automatização dos seus processos empresariais e a sua capacidade de armazenar grandes quantidades de informação num espaço reduzido e aceder-lhe facilmente em tempo real.

Figura 1: Triângulo do sistema de informação (análise do investigador)

2.2.1 Componentes do sistema de informação

Stair, Reynolds e Reynolds (2009) identificaram os componentes do sistema de informação como recursos humanos, recursos de hardware, recursos de software, recursos de dados e recursos de rede. Rainer e Cegielski (2010) apoiaram o seu argumento e passaram a descrever os recursos humanos como os utilizadores finais (utilizadores ou clientes) que utilizam o sistema de informação ou a informação que este produz. Os especialistas em sistemas de informação que desenvolvem e operam sistemas de informação fazem parte dos recursos humanos.

Shelly, Cashman e Rosenblatt (2010) concordam com Stair et al (2009) e Rainer & Cegielski (2010), descrevendo os recursos de hardware como as máquinas em que os dados são armazenados, copiados e processados. Também descreveram os recursos de dados como os dados e a base de dados e sublinharam que os recursos de dados devem ser completos, não redundantes e ter uma estrutura adequada.

Os recursos de rede são um elemento fundamental de um sistema de informação, que inclui internets, intranets, extranets, etc. (Stair et al, 2009; Rainer & Cegielski, 2010, Shelly et al, 2010).

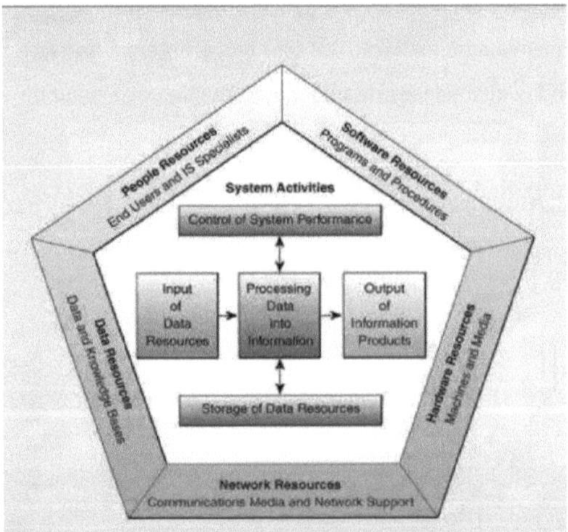

Figura 2: Componentes de um sistema de informação (Rainer e Cegielski, 2010)

2.3 Tipos de sistemas de informação.

O sistema de informação de uma organização pode ser dividido em três categorias: o sistema de informação formal, o sistema de informação informal e o sistema de informação informatizado. Um sistema de informação formal é representado pelo organigrama. Define os fluxos de trabalho e de comunicação da organização em termos de regras, regulamentos, políticas, objectivos e estratégias, desde o topo até à base da hierarquia da organização. O sistema de informação informal é baseado nos trabalhadores, concebido para lidar com problemas relacionados com o trabalho e fornecer soluções. Também alimenta o organigrama com informações através de canais indirectos. O sistema de informação informatizado depende fortemente da tecnologia informática para realizar algumas ou todas as suas tarefas (Hoffer, George & Valacich, 1999; Singh, 2007; Rainer & Cegielski, 2010; Laudon & Laudon, 2011).

No contexto e nos objectivos da presente investigação, o investigador centrar-se-á exclusivamente nos sistemas de informação informatizados, a seguir designados por "sistemas de informação".

De acordo com Rainer & Cegielski (2010) e Laudon & Laudon (2011), existem quatro tipos principais de sistemas de informação utilizados pelas grandes e pequenas e médias empresas: sistemas de processamento de transacções, sistemas de informação de gestão, sistemas de apoio à decisão e sistemas periciais.

2.3.1 Sistema de processamento de transacções

Um sistema de processamento de transacções é um tipo de sistema de informação utilizado pelas pequenas e médias empresas para processar as transacções quotidianas da sua organização, tais como depósitos em numerário, recibos, decisões de crédito, salários e fluxos de materiais, e torná-las (as transacções da organização) disponíveis para posterior consulta (Hoffer et al, 2009; Rainer & Cegielski, 2010; Laudon & Laudon, 2011).

De acordo com Laudon e Laudon (2011), os gestores das pequenas e médias empresas recorrem a sistemas de processamento de transacções para controlar o estado das operações internas da sua organização e as suas relações com o ambiente empresarial externo. Os autores enumeram alguns exemplos de sistemas de processamento de transacções, como os sistemas de processamento de salários, a entrada de encomendas, o sistema de reserva de bilhetes de transporte e o sistema de tabulação de contratos.

2.3.2 Sistema de informação de gestão

Vários investigadores tentaram descrever um sistema de informação de gestão de diferentes formas, mas estas definições reflectem as prioridades e os preconceitos desses investigadores. Segundo Jawadekar (2006), um sistema de informação de gestão é um conjunto de subsistemas organizados segundo linhas funcionais na organização com o objetivo de fornecer aos gestores informação e apoio sob a forma de relatórios para uma tomada de decisão eficaz. Embora Hoffer et al (2009) afirmem que não existe uma definição universalmente aceite de um sistema de informação, descrevem-no como um sistema que converte dados obtidos no interior e no exterior de uma organização em informação significativa e a comunica de forma adequada aos gestores para lhes permitir tomar decisões atempadas e eficazes para melhorar os seus processos empresariais.

No seu livro Management Information System, Gupta (2011) dá alguns exemplos de sistemas de informação de gestão: sistemas de processamento de transacções, sistemas de apoio à decisão, gestão da relação com o cliente, gestão da cadeia de abastecimento e sistemas de gestão do conhecimento.

2.3.3 Sistema de apoio à decisão

De acordo com Laudon e Laudon (2011), os sistemas de apoio à decisão são utilizados pelas pequenas e médias empresas para se concentrarem em problemas únicos que mudam rapidamente; são, por conseguinte, utilizados para a tomada de decisões não rotineiras pelos gestores intermédios de uma empresa. Gupta (2011) apoia estas afirmações e acrescenta que, embora um sistema de apoio à decisão utilize informações internas do sistema de processamento de transacções e do sistema de informação de gestão, as informações também são obtidas de fontes externas.

Hoffer et al (2009) já identificaram os três principais componentes de um sistema de apoio à decisão, nomeadamente a base de dados que contém os dados relevantes para a decisão a tomar, a base de modelos que contém os modelos utilizados para analisar a decisão a tomar e o módulo de diálogo que fornece uma interface para o decisor comunicar com o sistema de apoio à decisão. Gupta (2011) deu como exemplo de um sistema de apoio à decisão um sistema de estimativa de viagens.

2.3.4 Sistema pericial

Hoffer et al (2009) defendem que os sistemas periciais são utilizados pelas organizações para manipular o conhecimento e não a informação. Funcionam de acordo com os princípios da inteligência artificial para ajudar os profissionais confrontados com situações complexas que exigem conhecimentos especializados num domínio específico. Rainer e Cegielski (2010) apoiam a sua afirmação descrevendo um sistema pericial como um sistema que tenta replicar o trabalho de peritos humanos, aplicando conhecimentos, capacidades de raciocínio e experiência num domínio de atividade específico.

2.4 Segurança dos sistemas de informação

A segurança dos sistemas de informação é um dos maiores desafios que as organizações de todas as dimensões enfrentam atualmente. A maioria das grandes, pequenas e médias empresas descobriu a importância dos sistemas de informação para o sucesso das suas operações comerciais, mas apenas algumas estão conscientes da necessidade de proteger eficazmente esses sistemas de informação.

A segurança dos sistemas de informação é o conjunto de processos e medidas técnicas implementadas por uma organização para impedir o acesso não autorizado, o roubo, a alteração ou os danos físicos ao seu sistema de informação (Kim & Solomon, 2010; Laudon & Laudon, 2011 e HHS, 2013).

De acordo com uma publicação do HHS (2013), a segurança de um sistema de informação pode ser assegurada pela implementação de medidas de gestão, técnicas e operacionais concebidas por uma organização para proteger a confidencialidade, a integridade e a disponibilidade da informação que processa.

2.4.1 Propriedades da segurança dos sistemas de informação

De acordo com a Oracle (2010) e Kim e Solomon (2010), a segurança do sistema de informação de uma organização é definida pelos três princípios da segurança da informação: confidencialidade, integridade e disponibilidade.

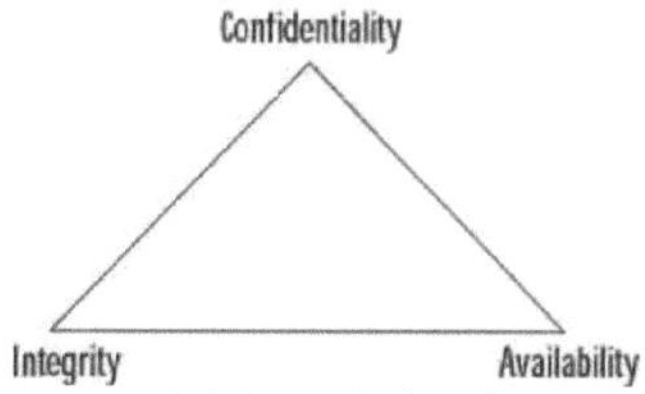

Figura 3: Propriedades da segurança da informação (Ouellet et al, 2002)

De acordo com Smith (2011) e Aoufi (2011), a confidencialidade é uma medida destinada a impedir o acesso não autorizado aos dados de uma organização (quer estejam armazenados ou em trânsito). Uma publicação da Oracle (2011) apoia esta afirmação e cita a encriptação (simétrica e assimétrica) como um meio de garantir a confidencialidade dos dados.

A integridade da informação garante que os elementos de dados, as mensagens, os documentos e outras formas de conteúdo não foram modificados, quer em repouso quer em trânsito, e são, por conseguinte, exactos. A disponibilidade descreve a acessibilidade da informação pelos utilizadores autorizados, mediante pedido. Esta propriedade refere-se à proteção da informação contra a negação de serviço. (Smith, 2011; Aoufi, 2011 e Oracle 2010). A Oracle (2011) também destacou certas medidas para garantir a integridade e a disponibilidade das informações, como a utilização de assinaturas digitais, o não repúdio e a infraestrutura de chaves públicas.

2.5 Segurança dos sistemas de informação para as pequenas e médias empresas.

Muitas pequenas e médias empresas dependem fortemente da utilização de sistemas de informação (em papel e electrónicos) para as suas actividades comerciais, que vão desde a entrada de encomendas ao processamento de vendas e pagamentos. Outras actividades incluem serviços de publicidade, contabilidade e relações com os clientes. A segurança adequada destes sistemas não só assegura operações precisas e fiáveis, como também garante um serviço comercial ininterrupto (ISSA-UK, 2011).

A segurança do sistema de informação de uma pequena e média empresa engloba as medidas que a empresa adopta para proteger os seus activos de informação de forma a garantir a continuidade do negócio, reduzir os danos causados ao negócio através da prevenção do impacto dos incidentes de segurança com o objetivo de maximizar o retorno das oportunidades de negócio (Aoufi, 2011).

2.5.1 A segurança dos sistemas de informação como uma questão de gestão.

A dimensão de uma organização, as tecnologias da informação que a suportam e a disponibilidade de peritos do sector determinam o nível de empenho na segurança do seu sistema de informação. Embora a segurança dos sistemas de informação seja tratada como um tópico técnico e, por conseguinte, considerada uma questão de TI, deve notar-se que a adoção e a implementação bem sucedidas de qualquer projeto de tecnologia de sistemas de informação dependem do empenho da gestão, razão pela qual a segurança dos sistemas de informação é descrita como uma questão de gestão (Miessler, 2007; Gillespie, 2008 e NEC, 2012).

2.6 Desafios de segurança para os sistemas de informação das pequenas e médias empresas

As pequenas e médias empresas são as mais expostas a ataques aos seus sistemas de informação devido à sua crescente dependência das tecnologias da informação e da Internet. Não dispõem dos recursos financeiros, da motivação e dos conhecimentos técnicos necessários para proteger os seus sistemas, pelo que a sua sobrevivência depende da forma como respondem a estes riscos e desafios (ISSA-UK, 2011; Vile, 2011 e Lacey, 2011).

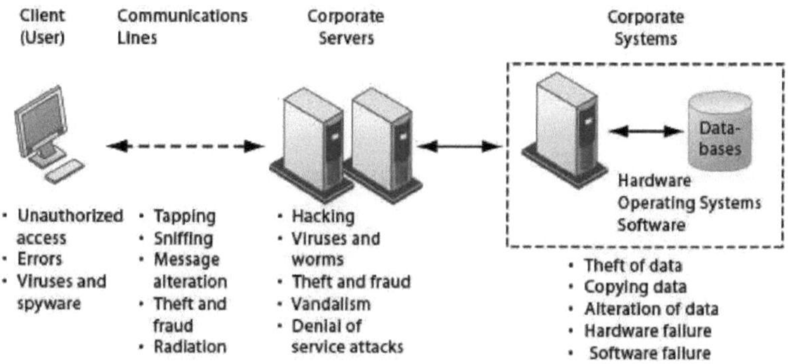

Figura 4: Desafios e vulnerabilidades da segurança dos SI (Laudon e Laudon, 2011)

Estudos realizados por outros investigadores identificaram uma série de factores que colocam desafios à segurança dos sistemas de informação nas pequenas e médias empresas, incluindo a falta de apoio da gestão, a falta de educação e formação em matéria de segurança para o pessoal, o aumento da utilização de dispositivos não geridos pelos empregados, a responsabilidade a jusante, os acidentes e as catástrofes naturais. Outros factores incluem o crime organizado internacional, a espionagem, o malware, a vulnerabilidade do software, as ameaças humanas, as ameaças internas e a diminuição das competências necessárias para ser um hacker (Rainer & Cegielski, 2010; Laudon & Laudon, 2011 e Kelly, 2011).

2.5.1 Falta de apoio da direção:

Johnson (2010) acredita que a implementação de políticas de segurança por parte de uma organização para proteger o seu sistema de informação só é bem sucedida se a direção estiver totalmente empenhada nas mesmas. A direção deve dar o tom e fornecer todos os recursos necessários para garantir que as suas políticas de segurança são levadas a sério. Reddick (2011) também afirma que a maioria dos líderes acredita que a segurança do sistema de informação da sua organização é uma questão de TI e, portanto, não está na sua lista de prioridades, pois pode distraí-los de outras questões comerciais. Fitzgerald (2012) apoia estas afirmações e afirma que, mesmo quando o gestor de segurança da informação de uma pequena ou média empresa desenvolve políticas de segurança da informação e a direção não as apoia e aplica, a taxa de aceitação será baixa.

2.5.2 Falta de educação para a segurança e de formação do pessoal

De acordo com a Net-Security (2010), a falta de educação e formação em matéria de segurança entre os trabalhadores das pequenas e médias empresas representa uma grande ameaça para os seus sistemas de informação. A Infosecurity (2011) afirma que a falta de conhecimentos dos funcionários sobre as melhores práticas de segurança os impede de identificar e comunicar quaisquer ameaças ao sistema de informação da organização para ação imediata. HRMAsia (2013) e itgovernance (2013) também afirmam que os resultados de um inquérito realizado pela Deloitte TMT Global Security mostraram que a falta de educação e formação dos empregados em matéria de segurança dos sistemas de informação é a principal causa de vulnerabilidades de segurança tanto nas pequenas como nas grandes organizações.

2.5.3 Aumento da utilização de dispositivos não geridos pelos funcionários

A crescente popularidade do Bring Your Own Device (frequentemente abreviado como BYOD) entre as pequenas e médias empresas aumentou a flexibilidade das suas operações comerciais, uma vez que os utilizadores podem mudar de dispositivos electrónicos e trabalhar sem problemas a partir de diferentes locais (VMware, 2012). Morrow (2012) e Wood (2012) afirmam que, apesar de todos estes benefícios, o maior desafio é a segurança da informação acedida pelos utilizadores finais, uma vez que a organização não é responsável pela gestão destes dispositivos, representando um risco de segurança para o sistema de informação da organização. Wood (2012) acrescenta que a utilização de dispositivos não geridos pelos funcionários expõe o sistema de informação da organização a riscos de fuga de dados, ataques de malware e roubo deliberado de dados confidenciais pelos utilizadores finais.

2.6.3 Acidentes e catástrofes naturais

O sistema de informação de qualquer organização (grande ou pequena) é vulnerável a acidentes e catástrofes naturais, incluindo condições meteorológicas extremas, inundações, relâmpagos e terramotos (Microsoft, 2000 e Rainer & Cegielski, 2010). Acidentes como incêndios, tempestades eléctricas e falhas nos sistemas podem resultar de edifícios mal equipados ou de sistemas insuficientemente refrigerados (USDA 2011).

De acordo com Crichton (2009), as condições meteorológicas extremas provocaram ondas de calor que levaram a cortes de energia em Londres em 2006, afectando as actividades de muitas organizações que não estavam à espera. Isto não só afectou diretamente o sistema de informação, como também a produtividade do pessoal das organizações afectadas.

2.6.4 Software malicioso

O software malicioso, frequentemente designado por Malware, é um software especificamente desenvolvido para roubar, perturbar, danificar ou causar acções ilegítimas no sistema de informação de uma organização (Laudon & Laudon, 2011 e Cisco, 2013). O malware inclui vários softwares agressivos, como cavalos de Troia, vírus, worms, spyware e bots (Cisco, 2013). De acordo com Ashford (2013), uma investigação efectuada por uma empresa de segurança (FireEye) demonstrou que o malware atinge as empresas, em média, 20 a 60 vezes por hora e que estes ataques contornam regularmente as defesas tradicionais da organização visada, incluindo firewalls, antivírus e sistemas de prevenção de intrusões.

a. **Vírus**: são programas ou códigos de programação que se ligam a outro programa, a um documento ou ao sector de arranque do computador e danificam ou causam uma ação ilegítima assim que o seu código é executado (Hunter et al, 2003 e Harris, 2006). Existem três categorias principais de vírus: microvírus, infectadores de ficheiros e infectadores de registos de arranque (Harris, 2006).
b. **Worm**: este é um tipo de vírus que se reproduz enviando-se como parte de uma mensagem de rede ou anexo de correio eletrónico (Harris, 2006). De acordo com Laudon e Laudon (2011), quando atacam, utilizam todos os recursos do sistema visado e acabam por o bloquear.
c. **Spyware**: este tipo de malware rouba informações pessoais ou confidenciais (informações da organização) sem o consentimento do proprietário. Os exemplos incluem keyloggers e screen scrapers (Rainer e Cegielski, 2010).
d. **Cavalo de Troia:** apresenta-se como conteúdo útil na rede de uma organização (Microsoft, 2000). O código malicioso é incorporado num programa útil que parece inofensivo para o utilizador e que, uma vez executado, elimina ficheiros importantes e danifica o sistema visado (Brown, 2010). Ao contrário dos vírus e dos worms, os cavalos de Troia não se replicam, mas propagam-se através da interação do utilizador, por exemplo, ao abrir um anexo de correio

eletrónico (Cisco, 2013).

2.6.5 Hackers

Um hacker é uma pessoa que pretende obter acesso não autorizado a um sistema informático, encontrando falhas de segurança na proteção utilizada pela organização proprietária do sistema informático (Laudon & Laudon, 2011 e Rainer & Cegielski, 2010). Quando têm acesso ao sistema informático da organização, causam estragos que vão desde o roubo de documentos confidenciais até ao cibervandalismo, ou seja, a degradação intencional de um sistema de informação empresarial. Na maioria dos casos, estes ataques duram apenas alguns minutos ou menos (Rouse, 2010). As tácticas utilizadas pelos hackers incluem a negação de serviço, o sniffing, a engenharia social e o roubo de identidade. Um ataque de negação de serviço, também conhecido como ataque DoS, inunda um servidor de rede com falsos pedidos de serviços que acabam por tornar o sistema indisponível para os utilizadores autorizados. De acordo com a BBC (2012) e o Huffingtonpost (2012), milhares de pequenas e médias empresas cujos sítios Web estão alojados em www.godaddy.comwere ficaram offline durante várias horas devido a ataques DOS efectuados por um hacker anónimo em 2012.

2.6.6 Ameaças internas

Através da investigação, vários académicos descobriram que as ameaças à segurança do sistema de informação de uma pequena e média empresa não vêm apenas do exterior da organização, uma vez que os funcionários da organização também representam uma grande ameaça à segurança do seu sistema de informação. O USDA (2011) e a Verizon (2012) descrevem a ameaça interna numa pequena e média empresa como um membro do pessoal ou qualquer outra pessoa que tenha acesso físico ou administrativo ao sistema de informação da organização e possa explorar ou abusar do sistema. Entre as possíveis ameaças internas contam-se o roubo, a cópia e a distribuição não autorizadas de bens de propriedade, a manipulação maliciosa e a exploração por hackers, também conhecida como engenharia social (Robinson 2001). Este tipo de ameaça é geralmente difícil de detetar, uma vez que se encontra no interior da empresa. De acordo com Kennedy (2011), a engenharia social consiste em persuadir e manipular uma pessoa ou um grupo de pessoas com acesso legítimo ao sistema de informação de uma organização para que forneçam informações vitais que normalmente não são acessíveis a pessoas não autorizadas. O autor afirma ainda que os hackers exploram esta via porque é mais fácil influenciar os seres humanos do que atacar a tecnologia de uma organização.

2.6 Caraterísticas das pequenas e médias empresas que influenciam a sua abordagem aos desafios de segurança

De acordo com Lacey e James (2010), determinadas caraterísticas das pequenas e médias empresas tendem a influenciar a sua abordagem às questões de segurança dos sistemas de informação. O sector de atividade determina a abordagem à segurança, uma vez que influencia a sensibilidade da informação tratada, as ameaças de segurança associadas e os requisitos de conformidade. Por exemplo, o perfil de risco de segurança de um banco é diferente do de uma empresa de construção. A idade e a maturidade operacional da organização também exercem uma grande influência, uma vez que tendem a moldar o nível dos procedimentos estabelecidos devido à experiência adquirida com um incidente anterior.

Lacey e James (2010) também enumeraram outras caraterísticas das pequenas e médias empresas que influenciam as questões de segurança dos seus sistemas de informação, tais como a estrutura de propriedade da organização, o estilo de gestão, as fontes de investimento, a influência das partes interessadas, a estratégia organizacional e as opiniões pessoais dos diretores.

2.7 Normas e quadro de gestão para a segurança dos sistemas de informação

Ao longo dos anos, vários grupos profissionais desenvolveram uma variedade de leis e regulamentos (enquadramentos e orientações) internacionalmente conhecidos para ajudar a gestão das pequenas e médias empresas a controlar os níveis de risco informático e a reforçar a segurança dos seus sistemas de informação (Fitzgerald, 2008 e Spremic, 2011).

A implementação de normas e metodologias de boas práticas de segurança dos sistemas de informação nas pequenas e médias empresas tornou-se muito necessária, uma vez que as suas actividades dependem fortemente da utilização de sistemas de informação (SI) e das tecnologias de informação (TI) subjacentes para atingir os seus objectivos comerciais, melhorando e mantendo a sua vantagem competitiva (Spremic, 2011). De acordo com Packerbd (2013), as organizações que não tomam medidas para proteger o seu investimento em informação correm um risco que terá um impacto negativo na sua sobrevivência.

Stallings (2007), Fitzgerald (2008) e Spremic (2011) enumeraram algumas das estruturas contemporâneas de governação e gestão das TI, nomeadamente a ISO 27000 (ISO 27001:2005,

ISO 27002: 2005), ITIL, NIST, SOX, Basileia II, SANS, ISC2, COSO e CobiT (Control objectives of information and related Technology), mas, para efeitos do presente estudo, o investigador optou por examinar apenas a ISO 27000 (ISO 27001:2005, ISO 27002:2005), o CobiT e a ITIL.

2.7.1 CobiT

De acordo com Rouse (2006), o CobiT, acrónimo de Control Objectives for Information Related Technology, é uma norma internacionalmente reconhecida que fornece um quadro e define o que é necessário para controlar e proteger as informações classificadas das organizações. Bareja (2011) apoia esta descrição e define o CobiT como uma norma de segurança da informação, um quadro de gestão de objectivos de controlo que orienta e fornece as melhores práticas para abordar aspectos importantes da gestão e controlo das tecnologias da informação.

Desenvolvido pelo ITGI e pelo ISACA entre 1991 e 1996, o CobiT é o quadro de governação das TI mais amplamente aceite e pode ser utilizado como quadro geral para integrar outras normas. Organiza os recursos de TI de uma organização para proporcionar o máximo valor, criando uma ligação entre os objectivos comerciais e os objectivos de TI (Fitzgerald, 2008; Pohlman, 2008 e Spremic, 2011). De acordo com Pohlman (2008), o CobiT segue o ciclo de vida geral de desenvolvimento de sistemas e compreende 4 áreas principais que são:

a. Planeamento e organização
b. Aquisição e implementação
c. Entrega e apoio
d. Controlo

Após mais de 16 anos de domínio no setor de TI, o CobiT se metamorfoseou ao longo dos anos com diversas mudanças evolutivas e, de acordo com a ISACA (2013), o CobiT 5 é a versão mais recente da série de frameworks CobiT. A ISACA (2013) descreve o CobiT 5 como "o único framework para gestão e governança de TI empresarial" e afirma que ele é uma modificação do CobiT 4.1, uma versão anterior.

De acordo com Southgate (2011) e ISACA (2013), para uma gestão e governação eficazes das TI nas empresas, o CobiT 5 baseia-se em cinco princípios fundamentais: dar resposta às necessidades das partes interessadas, proporcionar uma cobertura a nível empresarial, aplicar um quadro único integrado, permitir uma abordagem holística e separar a governação da gestão.

De acordo com a ISACA (2013), as pequenas e médias empresas têm muito a ganhar com a adoção do quadro CobiT 5 para a segurança da informação. Esses benefícios incluem

a) Melhor integração da segurança da informação na organização
b) Melhoria da sensibilização para os riscos e da tomada de decisões
c) Reduzir o impacto dos incidentes de segurança na organização
d) Uma melhor compreensão da segurança da informação
e) Melhoria dos processos de prevenção, deteção e recuperação na organização
f) Reduzir a complexidade e aumentar a rentabilidade, melhorando e simplificando a integração das normas de segurança da informação.

2.7.2 ITIL

A Information Technology Infrastructure Library (Biblioteca de Infra-estruturas de Tecnologias da Informação), também conhecida por ITIL, é um conjunto de melhores práticas e normas reconhecido a nível mundial, publicado pelo gabinete de estacionário do Governo britânico entre 1989 e 1992, para apoiar e melhorar a gestão dos serviços de tecnologias da informação (Fitzgerald, 2008 e Spremic, 2011). Rouse (2008) afirma que, em resposta à crescente dependência das organizações em relação às tecnologias de informação para satisfazer as necessidades e os objectivos do negócio, o Center for Computer and Telecommunications Agency (CCTA) do Reino Unido criou a ITIL. Acrescenta que, graças ao seu quadro personalizável de boas práticas, as pequenas e médias empresas estão a adoptá-lo para melhorar a qualidade do serviço e superar os desafios associados à segurança e ao crescimento dos seus sistemas de informação e das tecnologias de informação subjacentes.

A filosofia central da ITIL é a sua resposta não só à mudança tecnológica, mas também às necessidades do negócio. As organizações que adoptam abordagens baseadas em normas juntamente com quadros de gestão de TI têm demonstrado ser mais bem sucedidas na sua abordagem à segurança dos sistemas de informação (McPhee, 2008 e Whittleston, 2012).

A ITIL pode melhorar a forma como as pequenas e médias empresas implementam e gerem a sua segurança da informação, embora a implementação não comece normalmente com o departamento de TI, mas seja iniciada pela direção da organização. Weil (2004) enumerou algumas das formas pelas quais a adoção da ITIL pode melhorar a segurança dos sistemas de informação de uma organização, incluindo a possibilidade de desenvolver e implementar a segurança dos sistemas de informação de forma estruturada e clara, com base nas melhores práticas, definindo funções e responsabilidades pela segurança da informação, estabelecendo processos e normas documentados que podem ser auditados e controlados, e fornecendo uma plataforma sobre a qual a segurança da informação pode ser construída.

2.7.3 Norma ISO 27000 (ISO 27001: 2005 e ISO 27002: 2005)

A ISO 27001 e a ISO 27002 (anteriormente conhecidas como ISO/IEC 27001:2005 e ISO/IEC 27002:2005) são códigos de práticas internacionalmente reconhecidos para a gestão da segurança da informação (Rouse, 2009 e Spremic, 2011).

Fitzgerald (2008) e Rouse (2009) descrevem a ISO 27001 como uma especificação para um sistema de gestão da segurança da informação (SGSI) e, de acordo com a sua documentação, fornece um modelo para as organizações estabelecerem, implementarem, operarem, monitorizarem, reverem, manterem e melhorarem um sistema de gestão da segurança da informação. Pohlman (2008) afirma que a norma define o que deve ser feito em termos de controlo da segurança da informação e adopta o modelo de processo Plan-Do- Check-Act para estruturar todos os processos do SGSI.

A ISO 27001 é neutra em termos tecnológicos (ou seja, utiliza a tecnologia mas não depende dela) e utiliza uma abordagem de cima para baixo, baseada no risco. Adopta o modelo de processo Plan-Do-Check-Act (PDCA) para estruturar todos os processos do SGSI. A especificação ISO 27001 também define um processo de planeamento em seis partes que inclui a definição de uma política de segurança, a definição do âmbito do SGSI, a realização de uma avaliação de riscos, a gestão dos riscos identificados, a seleção dos objectivos de controlo a implementar e a preparação de uma declaração de aplicabilidade (Rouse 2009).

Entre os benefícios que as pequenas e médias empresas obterão com a adoção da ISO 27001 contam-se a identificação dos riscos e a implementação de controlos para os mitigar, a flexibilidade para adaptar os controlos a todas as áreas da empresa e a confiança das partes interessadas e dos clientes na proteção das suas informações (Bsigroup, 2013).

A norma ISO 27002 representa as técnicas de segurança das tecnologias da informação - código de práticas para a gestão da segurança da informação. Trata-se de uma descrição de objectivos abrangentes de controlo da segurança da informação. A norma ISO 27002 contém 12 cláusulas de controlo de segurança que incluem a avaliação dos riscos, a política de segurança, a organização da segurança da informação, a gestão dos activos, a segurança dos recursos humanos, a segurança física e ambiental, a gestão das comunicações e das operações, o controlo dos acessos, a aquisição, o desenvolvimento e a manutenção dos sistemas de informação, a gestão dos incidentes de segurança da informação, a gestão da continuidade das actividades e a conformidade (Fitzgerald, 2008 e Rouse, 2009).

Embora a ISO 27002 descreva os tópicos essenciais que uma política de segurança de uma pequena e média empresa deve abordar, pode concluir-se que apenas faz recomendações sobre o que deve ser incluído na política de segurança de uma organização. Por conseguinte, a norma de segurança de uma organização não pode ser avaliada em relação a si própria, mas em relação à ISO 27001 (Fitzgerald, 2008 e Jacobs, 2011).

2.8 Processo de análise de risco

Independentemente das técnicas de prevenção utilizadas pelas pequenas e médias empresas para proteger os seus sistemas de informação, as ameaças podem surgir de dentro ou de fora da organização. Embora seja difícil determinar a natureza exacta ou as consequências de uma potencial catástrofe, é mais provável que a organização consiga fazer face a esta situação se efetuar uma avaliação dos riscos do seu sistema de informação (Wold e Shriver, 1997).

Um processo de análise de risco em pequenas e médias empresas é um processo utilizado pela direção da empresa para definir e analisar as ameaças à segurança dos seus sistemas de informação e a vulnerabilidade dos seus sistemas a essas ameaças (Rainer, Snyder & Carr, 1991 e NIST, 2011). Segundo Laudon e Laudon (2011), não é possível antecipar e medir todos os riscos para os sistemas de informação de uma PME, mas através da avaliação, a sua gestão será capaz de prever a possibilidade de um risco, determinar o valor do seu sistema de informação, o potencial de danos e garantir que as despesas da organização no controlo de riscos são proporcionais ao valor do sistema de informação. O NIST (2011) afirma que uma abordagem de análise de risco pode ser orientada para a ameaça, para o ativo/impacto, para a vulnerabilidade ou para as três.

3. Metodologia de investigação

De acordo com Kothari (2009) e Dawson (2009), uma metodologia de investigação é uma forma sistemática de resolver um problema de investigação. Descreve-a como as etapas, os métodos e as técnicas adoptadas por um investigador e a lógica subjacente a cada uma delas no processo de estudo de um problema de investigação.

Esta secção explica a forma como a investigação foi conduzida, centrando-se nos métodos utilizados durante o processo de investigação. Os três principais métodos de investigação (métodos qualitativos, quantitativos e mistos) são revistos e a tónica é colocada na escolha do método de investigação e nas razões dessa escolha. Este capítulo também discute o paradigma de investigação, a justificação para a utilização de estudos de caso, a técnica de recolha de dados utilizada e as razões para a sua utilização, o tipo de dados recolhidos e a forma como estes dados foram analisados.

3.1 Paradigma de investigação

Foram desenvolvidos diferentes métodos de investigação e são utilizados por muitos investigadores, mas os três principais métodos utilizados atualmente são os métodos de investigação qualitativa, quantitativa e multimétodo. Neergard e Ulhoi (2008) e Yin (2011) descrevem a investigação qualitativa como um estudo que envolve a recolha de uma variedade de materiais empíricos, incluindo estudos de caso, experiências pessoais e entrevistas para descrever o significado que os indivíduos ou grupos atribuem aos problemas humanos ou sociais. Merriam (2009) afirma que o principal instrumento de recolha de dados na investigação qualitativa é o investigador; prossegue dizendo que este método se centra no processo, no significado e na compreensão de um problema. É indutivo e o seu produto é altamente descritivo.

Dawson (2002) descreve a investigação quantitativa como um inquérito em grande escala baseado em medições numéricas de aspectos específicos e que gera estatísticas através da utilização de questionários e entrevistas estruturadas. Thomas (2003) apoia esta afirmação, acrescentando que a investigação quantitativa envolve uma amostragem aleatória em grande escala e que o seu resultado é geralmente pré-determinado.

O método de investigação misto envolve a utilização de métodos de investigação qualitativos e quantitativos num único estudo para responder à(s) questão(ões) de investigação (Brewer, 2006).

A escolha do paradigma de investigação qualitativa pelo investigador foi influenciada por duas razões principais: a natureza do problema de investigação e os pressupostos do investigador sobre cada paradigma. O investigador assume que um inquérito sobre as percepções dos gestores da segurança dos sistemas de informação nas pequenas e médias empresas é uma investigação exploratória, uma vez que este problema de investigação específico não foi claramente definido por outros investigadores. A escolha de um método de investigação qualitativo deve-se também à utilização de estudos de caso, ao método de recolha de dados e ao tipo de dados (dados primários) necessários para esta investigação.

Outras razões pelas quais o investigador optou por utilizar o método de investigação qualitativa incluíram a representação adequada dos pontos de vista dos participantes neste estudo, a contribuição de ideias existentes e emergentes que poderiam explicar a contribuição da gestão para a segurança dos sistemas de informação nas pequenas e médias empresas, através da utilização de múltiplas fontes de provas em vez de se basear numa única fonte.

3.2 Utilização de estudos de caso

Foi utilizada uma estratégia de investigação de estudo de caso para atingir os objectivos de investigação deste projeto. De acordo com Yin (2003) e Woodside (2010), um estudo de caso é uma investigação empírica que se centra na descrição, compreensão, previsão e controlo de um acontecimento contemporâneo no seu contexto real. O investigador analisou outras estratégias de investigação, incluindo o inquérito, a história e a análise de arquivos, e considerou que a estratégia de estudo de caso era a mais adequada para esta investigação, uma vez que a maioria das perguntas feitas nas entrevistas são "como?" e "porquê?" Outra razão para a escolha desta estratégia de investigação é que uma investigação sobre a segurança dos sistemas de informação em pequenas e médias empresas numa perspetiva de gestão é um acontecimento contemporâneo e, seguindo a definição de Yin (2003) e Woodside (2010) da estratégia de investigação de estudo de caso como uma estratégia que se concentra na compreensão e previsão de um fenómeno contemporâneo, o investigador assume que a estratégia de investigação de estudo de caso é a mais adequada para este projeto de investigação.

Os casos de estudo são pequenas e médias empresas que operam em Londres e foram cuidadosamente selecionados em dois sectores de atividade diferentes. A empresa B foi escolhida no sector dos meios de comunicação social e do recrutamento, enquanto a empresa

A foi escolhida no sector dos cuidados de saúde. Ambas as organizações dependem fortemente de sistemas de informação para gerir os seus processos empresariais.

Em cada uma destas empresas, os diretores, chefes de departamento e administradores de sistemas foram a população-alvo das entrevistas e observações. O objetivo era identificar o papel e o empenho da administração em termos de segurança dos sistemas de informação, identificar possíveis ameaças, a sua origem e as medidas preventivas disponíveis para garantir a segurança dos sistemas de informação.

O quadro seguinte, retirado de Case study research design and methods de Yin (2003), justifica a escolha da estratégia de investigação de estudo de caso pelo investigador.

Quadro 1: Situações para diferentes estratégias de pesquisa (Yin, 2003)

Estratégia	Forma da pergunta de investigação	Necessidade de controlar eventos comportamentais?	Concentrar-se em eventos contemporâneos?
Experiência	Como e porquê	Sim	Sim
Inquérito	Quem, o quê, onde, quantos? Quantos?	Não	Sim
Análise dos arquivos	Como e porquê	Não	Sim/Não
A história	Como e porquê	Não	Não
Estudos de casos	Como e porquê	Não	Sim

3.3 Metodologia de recolha de dados

Após uma revisão exaustiva da literatura existente sobre o tema da segurança dos sistemas de informação das pequenas e médias empresas, o investigador adoptou uma estratégia de investigação de estudo de caso com o objetivo de gerar uma descrição rica e pormenorizada do objeto da investigação e procedeu à recolha de dados primários através de entrevistas e observações da gestão e do pessoal das empresas escolhidas para os estudos de caso.

Para atingir os objectivos desta investigação, foram realizados dois conjuntos de entrevistas nas duas organizações: 5 membros do pessoal em funções de gestão e 5 membros do pessoal que trabalham com o sistema de informação na Savvy Digital and Media Recruitment Groups e na Unique Personnel (UK) Limited foram selecionados para entrevista e observação, respetivamente. A maior parte das questões colocadas durante as entrevistas eram abertas (ver Apêndices C e D); as suas respostas foram gravadas no telemóvel do investigador antes de darem o seu consentimento. Também foram tomadas notas e os comportamentos de outros funcionários que trabalham com o sistema de informação nas diferentes organizações foram monitorizados e registados para análise (ver Análise e Conclusões). Foi efectuado um processo de análise de risco para a Empresa A. Outras fontes de dados utilizadas pelo investigador incluíram artigos e análises em revistas de tecnologia e negócios ( ), trabalhos de investigação escritos por outros investigadores, manuais da biblioteca da universidade, actas de conferências e material didático do sítio Web da Universidade de Gloucestershire.

3.4 Análise dos dados Metodologia/ Validação dos resultados

O investigador adoptou técnicas de análise de dados temáticas e comparativas devido à natureza da investigação, que envolve a utilização de dados primários e secundários. De acordo com Dawson (2002) e Pope et al (2007), a análise temática é um tipo de análise de dados qualitativos em que os dados são analisados tematicamente. Descrevem-na como uma técnica altamente indutiva em que os temas são gerados durante o processo de recolha de dados primários e secundários (neste caso, trabalho de campo). Dawson (2002) e Poe et al (2007) descreveram a técnica de análise comparativa de dados como um método em que os dados de um investigador (aqui referidos como dados primários) são comparados e contrastados com a literatura existente ou com os dados de outros investigadores, a fim de identificar as condições necessárias e suficientes para estabelecer um facto.

No final do processo de recolha de dados, que incluiu entrevistas, observações de grupos de discussão, um processo de análise de risco (abordagem básica) e uma revisão da literatura existente sobre segurança dos sistemas de informação, o investigador elaborou um formulário de resumo das entrevistas (Apêndice E) e um formulário de resumo dos grupos de discussão (Apêndice F) para facilitar o processo de análise dos dados. Estes documentos contêm detalhes práticos sobre o exercício, com informações como o local da entrevista ou da observação do grupo de discussão, os participantes, a duração da atividade e os principais temas e tópicos de interesse que foram levantados durante o exercício.

Durante o processo de análise dos dados de campo, o investigador transcreveu as entrevistas gravadas para um texto, que foi depois combinado com as notas tomadas durante as observações dos grupos de discussão. O investigador releu o texto e anotou os pontos de interesse relacionados com os objectivos da investigação. Os elementos relativos a tópicos semelhantes foram então agrupados em categorias como as ameaças aos sistemas de informação, as medidas preventivas, o papel e o empenhamento da gestão, etc., com uma definição e descrição flexíveis. Estes temas são comparados com a literatura existente para identificar condições suficientes para estabelecer factos através da análise comparativa de dados.

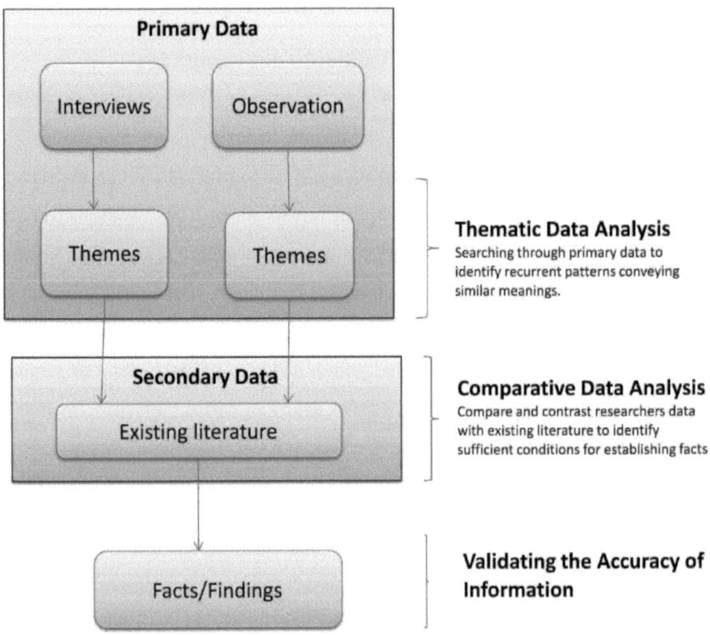

Figura 5: Metodologia de análise dos dados (análise do investigador)

4. Análise dos dados e conclusões

Tal como ficou claro no capítulo anterior, os dados primários para esta investigação foram recolhidos através de entrevistas com quadros superiores da Empresa A e da Empresa B, e através da observação de vários funcionários de ambas as organizações, como se mostra nos Apêndices C e D, respetivamente. Foram realizadas duas entrevistas com gestores de ambas as organizações, em dias diferentes, nos seus diferentes escritórios; as entrevistas gravadas foram transcritas para texto. O investigador estudou cuidadosamente as respostas às perguntas abertas feitas durante as entrevistas e as notas tomadas durante a observação do pessoal de ambas as organizações, após o que a informação correspondente foi agrupada em temas para representar as conclusões apresentadas a seguir.

4.1 o empenhamento da direção e do pessoal na segurança dos sistemas de informação

As equipas de gestão e o pessoal de ambas as organizações afirmam que estão totalmente empenhados na segurança dos sistemas de informação como parte integrante dos seus processos empresariais, através da aplicação de políticas de gestão e operacionais.

4.2 Determinar a eficácia da segurança dos sistemas de informação numa PME

Quando questionados sobre a eficácia da segurança dos seus sistemas de informação, os responsáveis destas organizações enumeraram uma série de procedimentos que adoptaram para determinar a sua resistência às ameaças:

a. Utilizar o processo de análise de risco
b. Revisão das políticas de segurança dos sistemas de informação da organização
c. Auditoria dos sistemas de informação
d. Relatórios de incidentes
e. Nível e frequência dos ataques aos seus sistemas de informação
f. Satisfação do utilizador

4.3 Ameaças ao sistema de informação de uma PME e suas causas

Os responsáveis de ambas as organizações admitiram que os seus sistemas de informação tinham sido objeto de algum tipo de ataque. O quadro seguinte mostra alguns desses ataques e a forma como ocorrem.

Quadro 2: Ameaças à segurança dos SI e suas possíveis causas (análise do investigador)

ameaças aos sistemas de informação das PME	POSSÍVEL CAUSA DA AMEAÇA
Ataque de vírus	Partilhar dispositivos de armazenamento externo com computadores fora da organização. Navegação em sítios Web perigosos, intrusos com bons conhecimentos de tecnologias da informação.
Phishing	Intrusos com conhecimentos de informática
Sabotagem	Pessoal desmotivado
Introdução incorrecta de dados	Erro humano (incluindo negligência do empregado)
Tempo de inatividade do servidor	Interrupção não programada pelo prestador Falha de hardware/software
Perda de sinal telefónico	Interrupção não programada pelo prestador de serviços
Hacking	Hacktivistas (intrusos com conhecimentos tecnológicos) Ligações fracas criadas por terceiros (parceiros comerciais)
Ameaças internas	Falta de vigilância dos trabalhadores Utilização de palavras-passe fracas pelos empregados Engenharia social O empregado visita sítios P2P
Práticas inadequadas de segurança dos sistemas de informação	Falta de atenção dos empregados às políticas de segurança dos sistemas de informação Falta de políticas de segurança Tentativa de efetuar uma tarefa que ultrapassa as capacidades do trabalhador. Não há verificação da cópia de segurança dos dados

4.4 Medidas actuais de proteção dos sistemas de informação adoptadas pelas PME

Apesar da onda de ameaças à segurança dos seus sistemas de informação, o investigador identificou certas medidas adoptadas pelas pequenas e médias empresas para melhorar a sua resistência às ameaças:

a) Utilização de uma rede privada virtual (VPN)
b) Plano de resposta a violações de dados
c) Antimalware e Antispyware
d) Análise periódica dos riscos
e) Medidas de segurança física, incluindo controlos de identidade
f) Utilização de políticas e procedimentos de segurança
g) A utilização de sistemas de deteção de intrusões
h) Diretório Ativo
i) Circuito fechado de televisão (CCTV)
j) Firewall
k) Bloqueio de filtros em sítios Web

4.5 Conformidade com as normas e o quadro de gestão da segurança dos sistemas de informação

Esta investigação mostrou que os gestores destas pequenas e médias empresas estão conscientes da existência e da importância da conformidade da sua organização com as normas de segurança da informação e os quadros de gestão. Uma organização adoptou a ISO/IEC 27001 e o CobiT, mas queixou-se da impopularidade da ISSA-UK 5173. A segunda organização referiu a falta de recursos e de pessoal como um dos obstáculos à sua não conformidade com estas normas e quadros de gestão da segurança da informação.

4.6 A segurança dos sistemas de informação como uma questão de gestão

Ambas as organizações reconheceram que tratam a segurança dos sistemas de informação como uma questão de gestão e não apenas como uma questão de TI, tendo uma delas chegado a descrevê-la como uma questão comercial, pelas seguintes razões os gestores desenvolvem políticas e procedimentos adequados, comunicam esses procedimentos através da gestão das TI a todos os utilizadores autorizados e esperam que estes os cumpram; como afecta toda a organização, é uma questão comercial.

5. Discussão

5.1 Discussão dos resultados

O principal objetivo deste projeto de investigação é determinar se a segurança dos sistemas de informação nas pequenas e médias empresas é considerada um problema de gestão ou um problema de tecnologia da informação, e também determinar como os gestores destas pequenas e médias empresas podem melhorar a segurança dos seus sistemas de informação.

Esta investigação demonstrou que a segurança dos sistemas de informação é um dos maiores desafios que as pequenas e médias empresas de Londres enfrentam atualmente. Também mostra que os líderes destas organizações estão conscientes da importância do sistema de informação para o sucesso das suas operações comerciais, mas que apenas alguns deles estão empenhados em implementar medidas de segurança eficazes. De acordo com uma publicação de segurança do HHS (2013), a segurança do sistema de informação nas pequenas e médias empresas é alcançada através da implementação de medidas de gestão, técnicas e operacionais concebidas pela organização. A secção 4.1 deste relatório de projeto confirma as afirmações da HHS, uma vez que os gestores da Empresa A e da Empresa B afirmam que estão empenhados na segurança do seu sistema de informação através da implementação das suas políticas de gestão e técnicas, uma vez que é parte integrante dos respectivos processos de negócio; citam também a sensibilidade dos dados que processam (que vão desde dados pessoais de funcionários e clientes a registos financeiros), a eficiência dos funcionários e a obrigação de cumprir os princípios da proteção de dados como algumas das razões pelas quais estão empenhados em garantir a confidencialidade, integridade e disponibilidade dos dados através da segurança do seu sistema de informação.

Como Laudon e Laudon (2011) e USDA (2011) deixam claro, ter as melhores ferramentas ou aplicações de segurança não garante um sistema de informação fiável e seguro, mas saber como e onde aplicar essas ferramentas (ou aplicações) de segurança sim. Para tal, é necessário um plano de avaliação dos riscos definido, a adoção de um sistema de segurança, controlos de segurança do sistema de informação definidos, um plano de continuidade das actividades e uma auditoria.

Depois de constatar que os gestores das duas organizações escolhidas para o estudo de caso estavam empenhados em garantir a segurança dos seus sistemas de informação, o investigador perguntou-lhes como é que conseguiam determinar a eficácia da segurança dos seus sistemas de informação, tendo em conta o seu nível de empenhamento, como referido anteriormente. A resposta dos gestores da empresa A foi muito clara: não existe um método pré-definido para determinar a eficácia da segurança do seu sistema de informação, apesar de afirmarem estar empenhados em garantir a segurança do seu sistema de informação. Referiram a falta de recursos para contratar profissionais de TI para determinar a eficácia da segurança do seu sistema de informação. Afirmam também que, se os ataques sofisticados contra os seus sistemas forem bem sucedidos e frequentes, partirão do princípio de que a sua segurança não é eficaz, o que mostra que a segurança do seu sistema de informação continua a ser uma questão secundária. Por outro lado, a resposta dos gestores da empresa B mostra que existe um processo pré-definido para determinar a eficácia da segurança dos seus sistemas de informação. Afirmam que o fazem através de uma série de processos de análise de risco, revisão das políticas de segurança do sistema de informação da organização, auditoria do sistema de informação e comunicação de incidentes, o que é coerente com as afirmações feitas pelo NIST (2009), USDA (2011) e Laudon e Laudon (2011).

Os gestores de ambas as organizações admitiram que os seus sistemas de informação foram vulneráveis a ataques em algum momento e que esses ataques são executados sem serem detectados pelo sistema de segurança da organização. Isto confirma as afirmações anteriores de Ashford (2013) e da Cisco (2013) de que os ataques de malware (vírus, worms, cavalos de Troia, etc.) são conhecidos por contornar o sistema de defesa tradicional de uma organização e que os ataques são registados 20 a 60 vezes numa hora. Um gestor de uma das organizações identificou algumas ameaças à segurança do seu sistema de informação e as suas causas, nomeadamente ataques de vírus causados por funcionários que partilham dispositivos de armazenamento externos com computadores fora da organização e que navegam em sítios Web perigosos. Disse também que o phishing era efectuado por intrusos com conhecimentos de informática que procuravam obter acesso não autorizado a informações classificadas. Embora a perda do sinal telefónico e a indisponibilidade do servidor não constituam uma ameaça regular ao seu sistema de informação, devem-se a uma avaria imprevista do prestador de serviços. O único caso de sabotagem registado foi causado por um funcionário que abandonou a organização.

Outras ameaças aos sistemas de informação das pequenas e médias empresas, identificadas durante as entrevistas e observações, incluem a introdução incorrecta de dados, falhas nos servidores, hacktivistas, práticas inadequadas de segurança dos sistemas de informação e ameaças internas à organização. De acordo com os entrevistados, a negligência dos funcionários, descrita como erro humano, é uma das principais causas da introdução incorrecta de dados, que pode ou não ser deliberada. Os entrevistados afirmaram que o tempo de inatividade do servidor foi causado por uma falha imprevista do seu fornecedor de serviços e, em alguns casos, por uma falha de hardware ou software.

A ISSA-UK (2011) descreve a política de segurança de uma pequena e média empresa como um princípio orientador que determina a utilização aceitável dos seus recursos de informação com acesso restrito aos seus activos de informação. Os entrevistados afirmam que a falta de atenção dos funcionários às políticas de segurança da informação torna o seu sistema de informação vulnerável a ameaças, uma vez que as políticas de segurança da informação existem, mas os seus funcionários nem sempre as cumprem. Por outro lado, estes funcionários afirmam que, apesar da existência de políticas de segurança da informação, agem por iniciativa própria porque estas políticas não são claras, o que os leva a executar tarefas incorretamente. Eles (trabalhadores) argumentam que a direção não deve apenas desenvolver políticas, mas deve também estar envolvida na implementação efectiva dessas políticas de segurança. Isto confirma as afirmações de Reddick (2011) e Fitzgerald (2012) de que as políticas de segurança sem o apoio da direção terão uma baixa aceitação por parte dos trabalhadores.

Entre as medidas de segurança já postas em prática pelos gestores destas pequenas e médias empresas para proteger os seus sistemas de informação contam-se a utilização de uma rede privada virtual (VPN) para proteger o acesso às suas redes, a utilização de um plano de resposta a violações de dados para reduzir o risco de acesso não autorizado aos seus sistemas de informação e a utilização de software anti-malware e anti-spyware para proteger os sistemas contra ataques de malware e spyware. Outras medidas incluem a utilização de políticas de segurança, a realização de uma análise de risco, medidas de segurança física, incluindo controlos de identidade, um diretório ativo e a utilização de firewalls.

Tal como referido na secção 4.5, os entrevistados referiram a impopularidade da ISSA-UK 5173 para as pequenas e médias empresas, embora afirmassem estar conscientes da importância da conformidade da sua organização com as normas e o quadro de gestão da segurança da informação. Um gestor de uma das organizações citou a falta de fundos e de peritos como a razão para a sua não conformidade com os quadros de segurança, mas outro gestor disse que a sua organização tinha adotado a ISO/IEC 27001 e o CobiT porque podia facilmente alinhar a sua metodologia com as normas e quadros escolhidos. Afirmou que, apesar de existirem controlos de segurança da informação, estes apenas abordam a vertente informática da segurança do seu sistema de informação, deixando de fora aspectos não informáticos, como os conhecimentos proprietários e a documentação. Isto confirma as afirmações de Fitzgerald (2008), Pohlman (2008) e Spremic (2011), segundo as quais o quadro de gestão das TI organiza os recursos informáticos de uma organização para proporcionar o máximo valor, criando uma ligação entre os objectivos comerciais e os objectivos informáticos.

Outro ponto importante que tem sido observado é a perceção da segurança dos sistemas de informação como uma questão de gestão. Miessler (2007), Gillespie (2008) e NEC (2012) afirmam que, embora a segurança dos sistemas de informação seja um assunto técnico complexo, o sucesso da adoção e implementação de um projeto de tecnologias de informação numa pequena ou média empresa depende do empenho da gestão. Os pontos de vista dos gestores entrevistados nas organizações objeto de estudo de caso confirmam estas afirmações. Um dos entrevistados afirmou que se trata de uma questão comercial, porque a segurança da informação é uma preocupação comercial, o que significa que todas as partes interessadas são responsáveis pela segurança do seu sistema de informação. Outro descreveu-a como uma questão de gestão, o que é explicado pela responsabilidade da gestão de onde e como o sistema de informação e a tecnologia de informação subjacente são implantados para se adaptarem ao processo comercial da organização. Outras razões para considerar a segurança da informação como uma questão de gestão incluem a responsabilidade da gestão pela exatidão de várias informações, tais como relatórios comerciais, informações sobre o pessoal/clientes e demonstrações financeiras produzidas pelo sistema de informação.

5.2 Recomendações para investigação futura

A segurança dos sistemas de informação nas pequenas e médias empresas é uma questão crucial e, dada a evolução das ameaças, é necessário aprofundar a investigação sobre este tema. O número de pequenas e médias empresas participantes pode ser aumentado, incluindo as que se situam fora de Londres. Uma vez que este estudo se baseia na perspetiva da gestão, os futuros investigadores poderiam aplicar uma abordagem de investigação holística em que os gestores e os empregados fossem entrevistados, de modo a que os resultados pudessem fornecer um plano de controlo de segurança flexível para satisfazer os actuais requisitos de segurança da organização à medida que os requisitos e as tecnologias evoluem.

6. Recomendações e conclusões

6.1 Recomendações

A gestão das pequenas e médias empresas deve comunicar eficazmente os objectivos de segurança da empresa aos seus empregados (pessoal) e partes interessadas, para que estes não só sigam os procedimentos de segurança estabelecidos, mas também compreendam a finalidade de uma política de segurança, que também os ajudará a aderir aos seus objectivos de segurança.

A conformidade dos empregados com a política de segurança da informação é necessária, mas não suficiente. Por conseguinte, os líderes empresariais não devem centrar-se apenas na vantagem competitiva, mas um dos seus principais objectivos deve ser levar o seu pessoal a ir além da conformidade com a segurança do sistema de informação da empresa e a empenhar-se totalmente na proteção das suas informações (da empresa), uma vez que este empenho os orientará na tomada de decisões de risco razoáveis. A longo prazo, isto é importante para manter a vantagem competitiva da empresa.

A análise cuidadosa dos dados empíricos recolhidos durante o processo de investigação, bem como a revisão de relatórios e publicações de outros investigadores, demonstrou que, embora a ameaça interna (ataques provenientes do interior da organização) seja a maior ameaça para o sistema de informação de uma organização, é justo dizer que os funcionários nem sempre desempenham um papel em todas as violações da segurança empresarial, mas o seu comportamento e o incumprimento das políticas de segurança implicam-nos. Por estas razões, a direção deve garantir que os empregados compreendem o quadro de segurança da organização desde o seu primeiro dia de trabalho e que estão preparados para assinar um acordo de confidencialidade. A direção deve formar os empregados através de especialistas e garantir que eles participem em exercícios de segurança e estejam constantemente vigilantes. É igualmente de salientar que a formação em matéria de segurança não é um acontecimento isolado e deve, por conseguinte, ser efectuada regularmente. Deve ser uma responsabilidade de toda a empresa (de toda a organização) e envolver todos, desde o topo até à base da hierarquia da organização.

A lista que se segue apresenta as melhores práticas recomendadas pelo investigador para ajudar a gestão das pequenas e médias empresas a resistir melhor às ameaças aos seus sistemas de informação.

I. Os gestores devem contextualizar as ameaças aos seus sistemas de informação: este estudo salientou a necessidade de os gestores das pequenas e médias empresas interiorizarem as melhores práticas de segurança, contextualizando as ameaças aos seus sistemas de informação, uma vez que é mais provável que isso motive os funcionários a cumprirem as políticas de segurança da organização. A gestão das pequenas e médias empresas deve utilizar exemplos do mundo real para explicar os riscos prováveis que são específicos da especificação comercial da sua organização (sector de atividade) e isto deve ser feito com antecedência (antes do ataque), pois ajudará a preparar os empregados que, por sua vez, os motivarão a fazer o que é necessário para mitigar os danos.

II. Quando uma violação de um sistema de informação é notícia, os líderes empresariais devem utilizá-la como uma ferramenta tecnológica na formação dos funcionários. A probabilidade de tal violação ou de uma violação semelhante ocorrer na sua organização deve ser discutida com a intenção de responder a perguntas como: como é que uma violação semelhante de um sistema de informação teria afetado a sua organização? Que sectores da empresa devem estar particularmente vigilantes contra ataques semelhantes? Que medidas de segurança foram adoptadas na eventualidade de ataques semelhantes aos seus sistemas?

III. Realizar simulações internas de phishing: esta técnica é eficaz porque permite que as pequenas e médias empresas vejam quantos empregados caem no golpe e, graças a este método, podem oferecer conselhos profissionais sobre como evitar ataques semelhantes quando estes ocorrerem.

IV. Realização de uma análise de risco: envolve a identificação dos activos do sistema de informação da organização, a análise e identificação de possíveis ameaças, a análise e identificação de activos vulneráveis e a identificação de riscos. Outros aspectos do processo de análise de risco incluem a avaliação da magnitude do risco, caso este ocorra, a classificação dos riscos de acordo com a magnitude do seu impacto e, através disto, a gestão das pequenas e médias empresas pode responder às ameaças, controlando e minimizando os eventos que possam pôr em risco o seu sistema de informação. O Apêndice H apresenta o processo de análise de risco proposto pelo investigador.

V. Cuidar dos dados físicos: Os resultados deste estudo mostraram que uma área de segurança que é negligenciada é a segurança adequada dos dados físicos de uma organização. Os gestores e os empregados devem proteger os dispositivos electrónicos que contêm informações comerciais (no caso do BYOD), os escritórios devem ser devidamente fechados e protegidos quando não estão a ser utilizados, os ficheiros devem ser armazenados em locais seguros e o acesso aos dados físicos que contêm informações classificadas deve ser restringido.

VI. Política de segurança formal e controlo dos sistemas de informação

VII. Utilização de palavras-passe e validação do utilizador

VIII. Compromisso do proprietário da empresa (direção)

IX. Utilização de firewalls, sistemas de deteção de intrusão, software anti-malware e encriptação de dados.

6.2 Conclusão

Os gestores das pequenas e médias empresas enfrentam o desafio de gerir eficazmente as ameaças e as vulnerabilidades à segurança dos seus sistemas de informação, devido à natureza evolutiva dessas ameaças e à escalada das vulnerabilidades. Embora a segurança dos sistemas de informação seja tratada como um assunto técnico e, por conseguinte, considerada uma questão de TI, esta investigação identificou a razão pela qual a segurança dos sistemas de informação deve ser considerada uma questão de gestão e não uma questão de TI, tendo também analisado e identificado a forma como os gestores de pequenas e médias empresas em Londres podem melhorar a resiliência às ameaças e à vulnerabilidade dos seus sistemas de informação.

O resultado obtido a partir da análise dos dados empíricos mostrou também que alguns gestores de pequenas e médias empresas em Londres não dispõem de um método predefinido para proteger e determinar a eficácia da segurança dos seus sistemas de informação, apesar de o afirmarem.

Embora os resultados desta investigação tenham melhorado a literatura sobre segurança dos sistemas de informação e proporcionado um método de gestão da segurança viável para os gestores de pequenas e médias empresas desenvolverem e manterem a segurança dos seus sistemas de informação, a fonte de dados empíricos limita-se a duas pequenas e médias empresas de Londres, centrando-se nos seus gestores. Outros investigadores podem melhorar este tópico utilizando um número ótimo de amostras com uma abordagem holística para garantir o fornecimento de um esquema de controlo de segurança flexível para sistemas de informação em pequenas e médias empresas.

7. Referências

Aoufi, S. E. (2011). *Economics of information security.* Norwich, Reino Unido: TSO

Arq. Woodside, G. (2010). *Case Study Research: Theory, Methods and Practice.* Bingley, Reino Unido: Emerald Group Publishing Limited.

Ashford, W. (2013). O malware atinge as empresas 20 a 60 vezes por hora, dizem os professores. Computer Weekly. Recuperado em 10 de abril de 2013, de. http://www.computerweekly.com/news/2240180816/Malware-hits-business-20-to-60-vezes-por-hora-dizem-os-investigadores.

Brewer, J. (2006). *Foundations of multi-method research: A synthesis of styles.* 2(nd) ed. Thousand Oaks, CA: Sage Publications Inc.

BSIgroup (2013). ISO/IEC 27001 - Gestão da segurança da informação. Recuperado em 16 de abril de 2013, de http://www.bsigroup.co.uk/en-GB/iso-27001-information-security/.

Cisco (2013). Qual é a diferença? Vírus, worms, Trojans e bots. *Cisco Security Intelligence Operations.* Acedido em 10 de abril de 2013, de http://www.cisco.com/web/about/security/intelligence/virus-worm-diffs.html.

Collett, S. (2013). Uma conversa direta sobre segurança leva os funcionários a ouvir e a cumprir. *Computerworld.* Recuperado em 25 de março de 2013, de http://www.computerworld.com/s/article/9237798/Straight: as discussões sobre segurança incentivam os empregados a ouvir e a cumprir? taxonomyId=17&pageNumber=1.

Dawson, C. (2002). *Practical Research Methods: A user-friendly guide to mastering research techniques and projects.* Oxford, Reino Unido: How To Books Ltd.

Dawson, C. (2009). *Introduction to research methods: A practical guide for anyone undertaking a research project.* 4th ed. Oxford, Reino Unido: How To Books Ltd.

Comissão Europeia. (2005). A nova definição de PME: Guia do utilizador e modelo de declaração. Acedido em 30 de outubro de 2013, de http://ec.europa.eu/enterprise/policies/sme/files/sme definition/sme user guide en.pdf

Fitzgerald, T. (2008). Leveraging information technology control frameworks for compliance. Segurança dos Sistemas de Informação. Recuperado em 10 de abril de 2013, de. http://www.infosectoday.com/Articles/Control Compliance frameworks.htm.

Fitzgerald, T. (2012). *Governação da segurança da informação simplificada: da sala de reuniões ao teclado.* Bora Raton, FL: CRC Press

Gillespie, M. (2008). A segurança é uma questão de gestão. *Computer Weekly.* Recuperado em 12 de maio de 2013, de http://www.computerweekly.com/opinion/Security-is-a-management-issue.

Gupta, H. (2011). *Management Information System: An Insight.* Nova Deli, Índia:

International Book House PVT. Ltd.

Harris, J. (2006). Vírus: Definição. Searchsecurity-Techtarget. Recuperado em 10 de abril de 2013, de http://searchsecurity.techtarget.com/definition/virus.

HHS. (2013). Formação de sensibilização para a segurança dos sistemas de informação do Departamento de Saúde e Serviços Humanos: Ano Fiscal de 2013. *Programa de Segurança Cibernética do HHS.* Recuperado em 04 de abril de 2013, de http://www.hhs.gov/ocio/securityprivacy/awarenesstraining/issa.pdf.

Hoffer, J. A., George, J. F. e Valacich, J. S. (1999). *Modern Systems Analysis and Design* (2(nd) ed.) Upper Saddle River, NJ: Prentice-Hall Inc.

HRMAsia (2013). A falta de sensibilização dos trabalhadores é a principal vulnerabilidade em matéria de segurança. Recuperado em 8 de abril de 2013, de http://www.hrmasia.com/guest-contributors/.

Hunter, L. E., Shimonski, R., Khan, A. A., e Stanger, J. (2003). *Configurando o Symantec Antivirus Corporate Edition.* Burlington, MA: Syngress.

Infosecurity (2011). Muitas pequenas empresas não têm práticas básicas de segurança da informação. Infosecurity-magazine. Recuperado em 8 de abril de 2013, de http://www.infosecurity-magazine.com/view/18774/many-small-businesses-lack-basic-information-security-practices/.

ISACA. (2013). COBIT 5: Uma estrutura de negócios para governança e gerenciamento de TI empresarial. Recuperado em 15 de abril de 2013, de http://www.isaca.org/cobit/Pages/default.aspx.

ISSA-UK (2011). Segurança da informação para pequenas e médias empresas. Recuperado em 24 de março de 2013, de http://www.issa-uk.org/issa 5173/ISSA-Projeto de norma do Reino Unido sobre segurança da informação para as PME.pdf

Itgovernance. (2013). A falta de consciencialização dos funcionários é uma grande vulnerabilidade de segurança. Recuperado em 8 de abril de 2013, de http://www.itgovernance.co.uk/media/press-releases/lack-of-employee- awareness-is-a-top-security-vulne.aspx.

Jacobs, S. (2011). *Engineering Information Security: Applying systems engineering concepts to achieve information assurance (Engenharia de segurança da informação: aplicação de conceitos de engenharia de sistemas para obter garantia da informação).* Hoboken, NJ; John Wiley & Sons, Inc.

Jawadekar, W. S. (2006). *Management Information Systems: Texts and Cases, 3e.* Nova Deli, Índia: Tata McGraw-Hill

Johnson, R. (2010). *Políticas de segurança e questões de implementação.* Sandbury, MA: Jones & Bartlet Learning

Kelly, L. (2011). Os 5 principais desafios de segurança para as PME. Computer Weekly. Recuperado em 7 de abril de 2013, de http://www.computerweekly.com/feature/The-top-five-SME-security- challenges.

Kennedy, D. (2011). Jornal de Segurança. [PDF] *McAfee.* Recuperado em 4 de novembro de 2012, de http://www.mcafee.com/uk/resources/reports/rp-security-journal-summer-2011.pdf.

Kim, D. e Solomon, M. G. (2010). *Fundamentals of Information Systems Security (Fundamentos da Segurança dos Sistemas de Informação).* Londres, Reino Unido: Jones and Bartlett Learning International.

Kneller, M. (2010). Executive Briefing: The benefits of ITIL. The Stationary Office. Recuperado em 17 de abril de 2013, de http://www.best-management-practice.com/gempdf/OGC Executive Briefing Benefits of ITIL.pdf.

Kothari, C. R. (2009). *Research Methodology: Methods and Techniques* (2(nd) ed.). Delhi, Índia: New Age International.

Lacey, D. (2011). Está na altura de as pequenas empresas se tornarem seguras. *Computer Weekly.* Recuperado em 7 de abril de 2013, de http://www.computerweekly.com/opinion/Time-for-small-companies-to-get- secure.

Laudon, K. C. e Laudon, J. P. (2011). *Management Information Systems: Managing the digital firm.* Upper Saddle *River,* NJ: Pearson.

McPhee, D. (2008). ITIL e gestão da segurança: uma visão geral. *Segurança dos sistemas de informação.* Recuperado em 15 de abril de 2013, de http://www.infosectoday.com/Articles/ITIL e gestão da segurança.htm

Merriam, S. B. (2009). *Qualitative Research: A Guide to Design and Implementation* (3(rd) ed.). São Francisco, CA: John Wiley and Sons Inc.

Microsoft, (2000). Melhores Práticas de Segurança Empresarial: Ameaças à Segurança. *Estrutura de Soluções da Microsoft.* Obtido em 10 de abril de 2013, em http://technet.microsoft.com/en- us/library/cc723507.aspx#XSLTsection124121120120.

Miessler, D. (2007). Security is not a technology problem: Why companies need to be looking at organizational issues instead of products. Recuperado em 12 de maio de 2013, de http://danielmiessler.com/blog/security-is-not-a-technology-problem-why-companies- need-to-be-looking-at-organizational-issues-instead-of-products.

Mobbs, C. W. (2011). Small and medium-sized enterprises: some facts and figures. *Inovação para o Crescimento.* Recuperado em 24 de março de 2013, de http://www.innovationforgrowth.co.uk/SMEsPPT.pdf

Morrow, B. (2012). Implementação de uma estratégia BYOD segura. *Tech Bubbles.* Recuperado em 10 de abril de 2013, de http://www.techbubbles.co.uk/blog/implementing-a-secure-byod-strategy/

NEC. (2012). Iniciativas da NEC para construir uma sociedade da informação segura. *Relatório de segurança da informação 2012.* Recuperado em 12 de maio de 2013, de. http://www.nec.com/en/global/csr/security/pdf/isr2012.pdf

Neergard, H. e Ulhoi, J. P. (2008). *Handbook of Qualitative Research methods in Entrepreneurship (Manual de métodos de investigação qualitativa no domínio do empreendedorismo).* Cheltenham, Reino Unido: Edward Elgar Publishing Inc.

Net-Security (2010). As 10 principais ameaças à segurança da informação em 2010. Recuperado em 8 de abril de 2013, de http://www.net-security.org/secworld.php?id=8709.

NIST. (2011). Segurança da informação. Recuperado em 21 de abril de 2013, de http://csrc.nist.gov/publications/drafts/800-30-rev1/SP800-30-Rev1-ipd.pdf.

Oracle (2010). Arquitetura de Referência Oracle: Segurança. *Livro branco da Oracle.* Recuperado em 04 de abril de 2013, de http://www.oracle.com/technetwork/topics/entarch/oracle-ra-security-r3-0- 176702.pdf.

Oracle (2011). Segurança da informação: uma abordagem de arquitetura concetual. *Livro branco da Oracle.* Recuperado em 04 de abril de 2013, de http://www.oracle.com/technetwork/topics/entarch/oracle-ra-security-r3-0-176702.pdf.

Ouellet, E., Padjen, R., Fuller, R., Pfund, A. e Blankenship, T. (2009). *Building a Cisco wireless LAN.* Massachusetts: Syngress Publishing Inc.

Parkerbd (2013). Gestão da segurança da informação. Recuperado em 10 de abril de 2013, de http://www.parkerbd.co.uk/ISO27001-consultants/services/Information-Security-Management.aspx

Pohlman, M. (2008). Quadros de Conformidade. *Segurança dos sistemas de informação.* Recuperado em 14 de abril de 2013, de http://www.infosectoday.com/Articles/Compliance Frameworks.htm.

Pope, C., Mays, N. e Popay, J. (2007). *Synthesis of qualitative and quantitative health research: A guide to methods.* Berkshire, Inglaterra: McGraw-Hill.

Rainer, R. K. e Cegielski, C. G. (2010). *Introduction to Information Systems: Enabling and Transforming Business* (3rd ed.) New Jersey: John Wiley and Sons.

Rainer, R. K., Snyder, C. A. e Carr, H. H. (1991). Risk Analysis for Information Technology. *Journal of Management Information Systems.* 8(1), pp. 129-147.

Reddick, C. (2011). *Administração pública e tecnologia da informação.* Burlington, MA: Jones

& Bartlet Learning.

Robinson, J. (2001). Internal threats - Risks and countermeasures [PDF] *SANS Institute.* Recuperado em 4 de novembro de 2012, de http://www.sans.org/reading room/whitepapers/threats/internal-threat-risks- countermeasures 475.

Rouse, M. (2006). COBIT (Control Objectives for Information Technology) : Definição. Acedido em 14 de abril de 2013, no seguinte endereço http://searchsecurity.techtarget.com/definition/COBIT.

Rouse, M. (2008). Não-repúdio: Definição. *Techtarget.* Recuperado em 10 de abril de 2013, de http://searchsecurity.techtarget.com/definition/nonrepudiation.

Rouse, M. (2009). ISO 27001: Definição. Alvo técnico. Recuperado em 16 de abril de 2013, de http://searchsecurity.techtarget.co.uk/definition/ISO-27001.

Arquitetura de segurança. (2009). Quadros de gestão da segurança. Recuperado em 10 de abril de 2013, de http://securityarchitecture.com/docs/Security Management Frameworks.pdf

Shelly, G. B., Cashman, T. J. e Rosenblatt, H. J. (2010) *Systems Analysis and Design* (8th ed.) Boston, MA: Cengage Learning.

Singh, S. R. (2007). *Information System Management.* Nova Deli, Índia: APH Publishing Corporation.

Smith, E. R. (2011). *Elementary Information Security.* Burlington, MA: Jones and Bartlett Learning

Southgate, R. (2011). COBIT 5: Um primeiro olhar sobre as actualizações recentes. *Searchsecurity Techtarget.* Recuperado em 15 de abril de 2013, de http://searchsecurity.techtarget.com/tip/COBIT-5-A-first- look-at-the-recent-updates.

Spremic, M. (2011). Normas e quadros para a auditoria e garantia da segurança dos sistemas de informação. *WCE 2011.* Recuperado em 14 de abril de 2013, de. http://www.iaeng.org/publication/WCE2011/WCE2011 pp514-519.pdf.

Stahl, B. C. (2008). *Information Systems: Critical Perspectives,* vol. 1. 1. Oxford, Reino Unido: Routledge

Stair, R. M., Reynolds, G. e Reynolds, G. W. (2009). *Principles of Information System* (9th ed.). Boston, MA: Cengage Learning.

Stallings, W. (2007). Normas para a gestão da segurança da informação. *The Internet Protocol Journal.* Acedido em 10 de abril de 2013, no seguinte endereço http://www.cisco.com/web/about/ac123/ac147/archived issues/ipj 10-4/ipj 10-4.pdf.

Thomas, R. M. (2003). *Blending Qualitative and Quantitative Research Methods in Thesis and*

Dissertations, Thousand Oaks, CA: Corwin Press Inc.

Tiwary, D. K. (2011). Security and ethical issues in information technology: An Organizations Perspective [Segurança e questões éticas nas tecnologias da informação: uma perspetiva das organizações]. Jornal Internacional de Computação Empresarial e Sistemas de Negócios. Recuperado em 24 de março de 2013, de http://www.ijecbs.com/July2011/45.pdf

USDA. (2011). FY2012 Information Security Awareness [PDF] Obtido em 4 de novembro de 2012, de http://www.fsa.usda.gov/Internet/FSA File/paper-based-training..pdf.

Verizon. (2012). Data breach investigations report [PDF] Obtido em 4 de novembro de 2012, de http://www.verizonbusiness.com/resources/reports/rp data-breach-investigations-report- 2012 en xg.pdf.

Vile, D. (2011). O desafio da segurança das PME. *Computer Weekly.* Recuperado em 7 de abril de 2013, de http://www.computerweekly.com/opinion/The-SME-security-challenge.

VMware. (2012). A oportunidade BYOD: diga "sim" à diversidade de dispositivos e implemente novas formas de aumentar a produtividade. *Documento técnico da VMware.* Recuperado em 10 de abril de 2013, de http://www.vmware.com/files/pdf/view/VMware-BYOD-Opportunity-Whitepaper.pdf.

Weil, S. (2004). Como a ITIL pode melhorar a segurança da informação. Semantec. Recuperado em 10 de abril de 2013, de http://www.symantec.com/connect/articles/how-itil-can-improve-information- security.

Whittleston, S. (2012). Livro branco sobre as melhores práticas de gestão. *The Stationary Office.* Recuperado em 14 de abril de 2013, de http://www.best-management-practice.com/gempdf/ITIL is ITIL White Paper Mar12.pdf.

Wold, G. H. e Shriver, R. F. (1997). Risk analysis techniques: The risk analysis process forms the basis of the entire recovery planning effort. *Disaster Recovery Journal.* Recuperado em 20 de abril de 2013, de http://www.drj.com/new2dr/w3 030.htm.

Wood, A. (2012). BYOD: os prós e os contras para os utilizadores finais e as empresas. *Tech Bubble.* Recuperado em 10 de abril de 2013, de http://www.techbubbles.co.uk/blog/byod-the-pros-and-cons- for-end-users-and-the-business/.

Yin, R. K. (2003). Case study Research-Design and Methods. Beverly Hills, CA: Sage Publishing.

Yin, R. K. (2011). *Qualitative Research from Start to Finish [Investigação qualitativa do princípio ao fim].* Nova Iorque, NY: The Guildford Press.

8. Bibliografia

Blaxter, L., Hughes, C. e Tight, M. (2002). How to research. 2(nd) ed. Buckhingham, UK: Open University Press.

Westervelt, R. (2012). FireEye alerta para o aumento constante de malware avançado. SearchSecurity TechTarget. Recuperado em 10 de abril de 2013, de. http://searchsecurity.techtarget.com/news/2240162628/FireEye-warns-of-steady-increase-in-advanced-malware.

Apêndices

Apêndice A: Fluxograma da metodologia de investigação

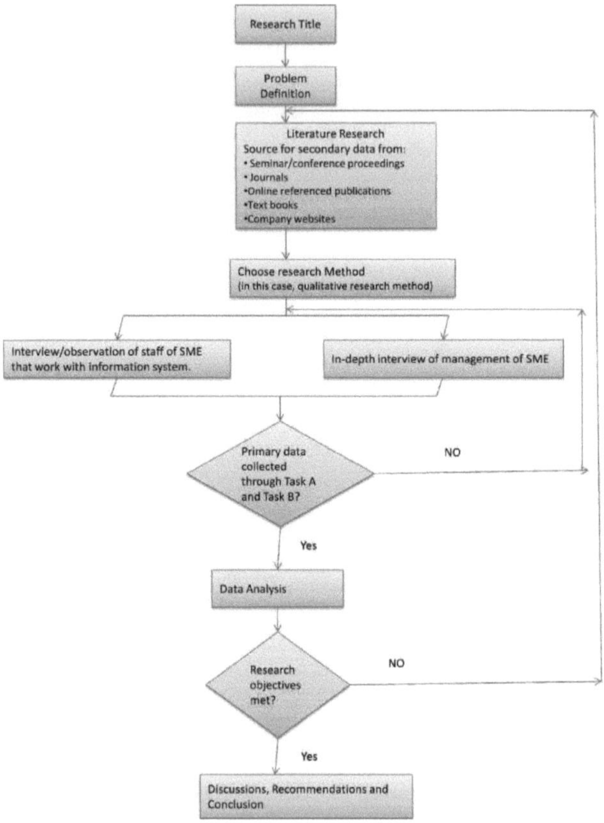

Apêndice B: Carta de consentimento para o processo de entrevista

Atten: O diretor da empresa A

Sr.

O meu nome é Roberts A. Ogosu e sou estudante de pós-graduação na Universidade de Gloucestershire, com o número de registo s1211032. Estou a tirar um mestrado em Gestão de Tecnologias da Informação e, como parte da minha dissertação, estou a investigar a segurança dos sistemas de informação em pequenas e médias empresas em Londres.

Escrevo-lhe humildemente para pedir à sua organização [Empresa A] que me conceda uma audiência para entrevistar alguns dos seus gestores e observar alguns dos seus empregados, de modo a permitir-me obter dados primários para a minha análise.

O objetivo desta investigação é avaliar a perceção da segurança do sistema de informação por parte da administração, examinar se a implementação de um processo de análise de risco na sua organização pode ajudar a identificar e a mitigar potenciais ameaças ao seu sistema de informação e examinar um critério que possa ser utilizado para avaliar a eficácia da segurança do sistema de informação da sua organização.

Se concordar com a minha proposta, agradecia que me indicasse uma data e hora convenientes para me deslocar à sua organização para esta entrevista, que terá uma duração aproximada de 30 minutos. Posso assegurar-lhe que qualquer informação obtida durante a entrevista proposta será utilizada apenas para fins de investigação e será eliminada de forma adequada quando o relatório do projeto de investigação estiver concluído.

Obrigado pela vossa resposta rápida e positiva.

Com os melhores cumprimentos

Ogosu, R. A.

Apêndice C: Perguntas e respostas da entrevista

Seguem-se extractos da entrevista que o investigador realizou com a direção da empresa A.

Q1. Pode descrever os serviços que presta aos seus clientes?

Resposta: *A empresa A presta serviços de cuidados de saúde ao domicílio e residenciais aos seus clientes. Também oferece serviços de formação e recrutamento. Os nossos clientes incluem os bairros de Waltham Forest, Lambert, Newham e Bexley. Outros incluem Richmond Fellowship, Outlook care limited e London Borough of Lewisham.*

Q2. Os processos da sua empresa estão fortemente dependentes dos sistemas de informação. Em que medida é que a direção está empenhada na segurança destes sistemas de informação?

Resposta: *Sim, a nossa atividade depende da utilização de um sistema de informação e estamos totalmente empenhados em garantir a sua segurança devido à sensibilidade dos dados que processamos. Os nossos processos comerciais envolvem o trabalho com informações que vão desde os dados pessoais dos clientes até aos registos financeiros e, como pré-requisito para cumprir os Princípios de Proteção de Dados (Lei de Proteção de Dados de 1998), estamos empenhados em garantir a confidencialidade, integridade e disponibilidade de informações classificadas através da segurança do nosso sistema de informação.*

Q3. Pode comparar o nível de segurança dos sistemas de informação da sua organização atualmente com o de há 5 anos? Se for melhor, pode explicar como é que o conseguiu melhorar?

Resposta: *É evidente que o nível de segurança que temos atualmente é melhor do que há cinco anos, porque a natureza dos ataques que existiam há cinco anos não pode ser comparada com os que existem atualmente. Atualmente, os hackers, os vírus e os seus modos de ataque são muito sofisticados e, se não estivermos bem protegidos, perderemos informações valiosas e a nossa empresa entrará em colapso. Embora não tenha havido nenhuma ameaça significativa ao nosso sistema de informação, para além dos ataques de vírus e dos erros causados pelos nossos funcionários, conseguimos melhorá-lo através da utilização de software antivírus e da formação regular do pessoal.*

Q4: Como pode determinar a eficácia da segurança do sistema de informação da sua organização?

Resposta: *A empresa A é uma pequena organização que não pode investir em medidas de segurança dispendiosas ou pagar a profissionais de TI para determinar a eficácia do seu sistema de informação. Ao longo dos anos, conseguimos determinar a eficácia do nosso sistema de informação pelo seu impacto nos nossos processos empresariais (em termos de satisfação dos utilizadores). Outro método é monitorizar o nível e a frequência dos ataques contra o sistema; até agora, conseguimos detetar intrusões e lidar com as situações em conformidade.*

Q5. Numa escala de 1 a 10, qual o grau de segurança do seu sistema de informação?

Resposta: *OK, dou-lhe 8 em 10 porque, para além de utilizarmos firewalls e software antivírus nos nossos sistemas, também instalámos sistemas de videovigilância 24 horas por dia para reforçar a segurança física.*

Q6. o seu sistema de informação foi ameaçado (dentro e fora da organização)?

Resposta: *Sim, houve ameaças ao nosso sistema de informação; tivemos ataques de vírus, falhas no servidor, falta de sinal telefónico; recebemos e-mails fraudulentos que tentavam roubar as informações dos nossos clientes. Um funcionário foi despedido em setembro de 2011, mas ainda tinha acesso aos nossos ficheiros porque não tínhamos alterado a nossa palavra-passe, mas assim que nos apercebemos, alterámos as palavras-passe e encerrámos a sua conta na Empresa A. Outras são entradas de dados incorrectas, tais como nomes mal escritos, datas de nascimento erradas e até nomes e números de empregados mal colocados.*

Q7. Na sua opinião, qual é a causa destas ameaças (caso existam)?

Resposta: *No caso dos vírus, penso que são causados pela utilização de chaves USB e outros dispositivos de armazenamento. Os funcionários utilizam frequentemente estes dispositivos nos seus computadores pessoais e quando os inserem no sistema no trabalho, aparecem janelas pop-up no ecrã, indicando a presença de um cavalo de Troia, de um vírus ou de outra coisa qualquer.*

No final do ano passado (2012), o nosso servidor foi abaixo e não houve sinal telefónico durante 3 ou 4 dias. Quando ligámos para o nosso fornecedor de serviços (TalkTalk), disseram-nos que a BT tinha tido uma falha não programada e que eles (TalkTalk) estavam à espera que eles (BT) a resolvessem. Mesmo que decidíssemos mudar de fornecedor de serviços, disseram-nos que a BT controlava todos eles, pelo que, se a BT tivesse uma falha de energia, isso afectaria as outras empresas.

O nosso pessoal apresenta as suas folhas de ponto no início de cada semana para serem recolhidas e, na maioria das vezes, apresenta as suas folhas de ponto sem o nome ou o número do empregado e sem o nome do utilizador do serviço, o que resulta em dados incompletos ou incorrectos introduzidos na nossa base de dados.

Q8 Enquanto membros da equipa de gestão, quais as actividades da sua organização que representam o maior risco para o seu sistema de informação?

Resposta: *Neste caso, diria que se trata principalmente de erros cometidos pelos funcionários, incluindo a introdução incorrecta de dados, a realização de tarefas que excedem as suas capacidades, a manipulação maliciosa, a sabotagem e o facto de serem vítimas de phishing ou de correio fraudulento.*

Q9 Que medidas adoptou atualmente para proteger o seu sistema de informação?

Resposta: *Instalámos firewalls e software antivírus em todos os nossos sistemas informáticos, o acesso aos nossos sistemas e ficheiros é restrito, as nossas instalações são vigiadas 24 horas por dia por câmaras CCTV, os nossos routers estão protegidos e utilizamos filtros de bloqueio no nosso sítio Web. Embora o erro humano não possa ser 100% controlado, temos políticas de segurança em vigor e formamos continuamente os nossos funcionários na proteção das informações da organização e dos utilizadores dos serviços.*

Q10. A sua organização já efectuou uma análise de risco do seu sistema de informação? Em caso afirmativo, com que frequência efectua essa análise?

Resposta: *Não, não efectuámos uma análise de risco do nosso sistema de informação.*

Q11: Considera que uma análise de risco do seu sistema de informação pode ajudá-lo a identificar e atenuar potenciais ameaças? Justifique a sua resposta.

Resposta: *No meu entender, um processo de análise de risco pode ajudar a identificar e atenuar potenciais ameaças ao sistema de informação de uma organização, identificando activos vulneráveis a ataques e aplicando medidas preventivas às partes relevantes para* *reduzir o impacto ou atenuar a ameaça.*

Q12 A sua organização cumpre as normas e o quadro de gestão da segurança dos sistemas de informação?

Resposta: *Como disse anteriormente, esta é uma organização pequena e não temos os recursos necessários para seguir este caminho. Entretanto, as nossas políticas de segurança da informação servem de normas internas para a organização.*

Q13 A sua organização está em conformidade com a norma ISSA-UK 5173 sobre segurança dos sistemas de informação para pequenas e médias empresas?

Resposta: *Não, receio que não tenha ouvido falar dela. Não me interprete mal, estou familiarizado com a ISSA-UK, mas nunca ouvi falar da norma 5173 sobre segurança dos sistemas de informação.*

Q14 Quais são as ameaças mais comuns ao sistema de informação da sua organização? Na sua opinião, o que está por detrás destas ameaças?

Resposta: *Ameaças? Essencialmente, são as que enumerei anteriormente. Negligência dos empregados, ataques de vírus, phishing, correio fraudulento, sabotagem, roubo e falta de sensibilização dos empregados para a segurança. Algumas destas ameaças são causadas pela falta de adesão dos empregados às políticas de segurança da organização; a sabotagem pode resultar das actividades de pessoal desinteressado, como no exemplo que dei anteriormente.*

Q15 Que medidas de deteção, prevenção e correção foram postas em prática para proteger os seus sistemas de informação?

Resposta: *Antivírus, firewalls, mecanismos de controlo de acesso, discos rígidos encriptados, utilização de CCTV para a segurança física, formação do pessoal, uma vez que foi pedido a todo o pessoal que informasse o gestor de quaisquer tarefas que não conseguisse realizar, para evitar a realização de tarefas que ultrapassassem as suas capacidades. Aqui, cada membro do pessoal é também um oficial de segurança, uma vez que operamos ao abrigo da Lei de Proteção de Dados de 1998. Assim, desde o seu primeiro dia de trabalho, os funcionários são sensibilizados para a importância e seriedade da segurança da informação.*

Q16 A sua organização tem políticas de segurança dos sistemas de informação?

Resposta: *Sim, a nossa organização tem políticas de segurança da informação que são específicas para determinadas questões. Estas políticas tratam dos activos que protegemos e da forma como se espera que os funcionários as cumpram. Contém informações como a lista de programas aprovados que podem ser utilizados, a forma como a base de dados da organização deve ser utilizada, incluindo a forma como deve ser protegida, informações sobre firewalls, análises de vírus, software antivírus, resolução de problemas e a segurança física do sistema de informação.*

Q17. O seu pessoal participa em acções de formação sobre segurança dos sistemas de informação? Em caso afirmativo, com que frequência?

Resposta: *Não, de momento não temos um programa de formação em segurança dos sistemas de informação.*

Q18 Quais são as suas prioridades em termos de segurança dos sistemas de informação?

Resposta: *As nossas prioridades em termos de segurança dos sistemas de informação são assegurar a deteção e correção atempadas dos aspectos vulneráveis do sistema de informação e garantir que a nossa política de segurança apoia e se mantém coerente com a estratégia comercial da organização.*

Q19 Enquanto membros da equipa de gestão da sua organização, considera que a segurança dos sistemas de informação é uma questão de gestão ou uma questão de tecnologia da informação? Porquê ou porque não?

Resposta: *Esta é uma pergunta técnica, mas eu preferiria dizer que a segurança do sistema de informação é uma questão de gestão e não uma questão de tecnologia da informação, porque a gestão é responsável por onde e como o sistema de informação é utilizado para se adequar ao processo de negócio da organização, a gestão também é responsável pela exatidão da informação, como relatórios operacionais, informação sobre o pessoal/clientes e demonstrações financeiras produzidas pelo sistema de informação; por estas razões, a segurança do sistema de informação da organização é de grande importância para a direção, pelo que se trata de uma questão de gestão.*

Q20: Em caso de ataque ao sistema de informação da sua organização, existe um plano de salvaguarda para garantir que a sua empresa continua a funcionar até que os serviços sejam restabelecidos?

Resposta: *Sim, existe um plano de salvaguarda. Lidamos com informações sensíveis e, no final de cada semana, fazemos cópias de segurança de todos os nossos ficheiros num disco rígido externo que é guardado em segurança pelo Diretor-Geral. Em caso de corte de energia (embora quase não haja), todos os sistemas, incluindo servidores, impressoras e routers, estão equipados com uma fonte de alimentação ininterrupta (UPS) que lhes permite continuar a funcionar até serem devidamente desactivados. Quando as linhas telefónicas foram cortadas, utilizámos os nossos telemóveis como alternativa.*

Apêndice D: Perguntas e respostas da entrevista

Seguem-se extractos da entrevista que o investigador realizou com a direção da empresa B.

Q1. Pode descrever os serviços que presta aos seus clientes?

Resp: *Oferecemos serviços de consultoria e recrutamento a clientes como a Sony, Play station, Capital FM, findaproperty.com. Outros incluem a Hello Magazine, a Global Radio, a Dazed e a Getty Images. Os nossos serviços não se limitam à consultoria e ao recrutamento, também lidamos com publicidade, marketing, SEO e publicação de revistas B2B.*

Q2. Os processos da sua empresa estão fortemente dependentes dos sistemas de informação. Em que medida é que a direção está empenhada na segurança destes sistemas de informação?

Trabalhamos com tecnologia de ponta, bases de dados, recursos e uma equipa empenhada em garantir que nos mantemos à frente dos nossos contemporâneos, ao mesmo tempo que prosseguimos os mais elevados padrões de integridade, confidencialidade e ética empresarial através da implementação das nossas políticas de gestão e operacionais, pelo que estamos muito empenhados na segurança do nosso sistema de informação.

Q3. Pode comparar o nível de segurança dos sistemas de informação da sua organização atualmente com o de há 5 anos? Se for melhor, pode explicar como é que o conseguiu melhorar?

Resposta: *A empresa B foi criada em 2010, pelo que não estamos a falar de um período de 5 anos, mas o nosso sistema de informação está claramente mais bem protegido hoje do que quando a empresa foi criada. Conseguimos melhorar esta situação graças ao empenho da direção em ter em conta as mudanças no ambiente de risco da empresa. Inicialmente, considerávamos a proteção dos dados da organização como uma função informática, mas já não é o caso; compreendemos que a segurança do nosso sistema de informação é um imperativo estratégico que exige uma resposta empresarial.*

Q4: Como pode determinar a eficácia da segurança do sistema de informação da sua organização?

Resp: *Determinamos a eficácia do nosso sistema de informação através de uma série de processos de análise de risco, porque a nossa capacidade de identificar ou detetar ameaças* *determinará o nível de proteção que é posto em prática. Outras formas de determinar a eficácia da segurança do nosso sistema de informação incluem o exame das políticas de segurança da informação da organização, a verificação da sensibilização e participação do pessoal e os relatórios de auditoria e de incidentes.*

Q5. Numa escala de 1 a 10, qual o grau de segurança do seu sistema de informação?

Resposta: *Embora o nível de segurança dos sistemas de informação possa ser analisado quantitativamente, não posso dar um valor categórico neste momento.*

Segundo gestor: Para já, podemos dizer que se situa entre 7 e 7,5 numa escala de 1 a 10, o que significa que estamos bastante seguros.

Q6 O seu sistema de informação tem estado sob ameaça (tanto de dentro como de fora da organização)? Pode descrever como é que isso aconteceu?

Resposta: *Sim, é claro que ainda enfrentamos ameaças, mas conseguimos atenuá-las tanto quanto possível. Estas ameaças vão desde ataques de vírus a phishing, negação de serviço e muitas outras. Enquanto agência de recrutamento, pedimos aos candidatos que carreguem os seus CV, cartas de apresentação e documentos. Na maioria das vezes, estes ficheiros são infectados, mas estamos preparados para este tipo de situação e gerimo-los em conformidade. No que diz respeito às ameaças internas, trata-se de um problema grave, porque podem ser deliberadas ou resultar de negligência. Também tivemos alguns casos, mas, como já disse, temos políticas de segurança, cumprimo-las e isso tem ajudado bastante a reduzir os riscos.*

Q7. Na sua opinião, qual é a causa destas ameaças (caso existam)?

Resposta: *Enquanto a sua empresa tiver uma presença online, é provável que existam ameaças. Na maioria dos casos, estas ameaças são perpetradas por intrusos com conhecimentos técnicos que tentam obter acesso a informações confidenciais. Os ataques de hackers e vírus visam sempre o elo mais fraco da estrutura de segurança de uma organização e, na maioria dos casos, esses elos fracos são criados em resultado das nossas transacções comerciais com terceiros. Por exemplo, subcontratamos alguns dos nossos processos empresariais e, se os seus sistemas não estiverem devidamente protegidos, também estamos em risco.*

As ameaças internas resultam da negligência dos funcionários, como a utilização de palavras-passe fracas nos seus sistemas, a partilha de informações confidenciais com estranhos, a visita a sítios P2P e outros sítios perigosos com os seus computadores oficiais e a falta de atenção dos funcionários à política de segurança da organização.

Q8 Enquanto membros da equipa de gestão, quais as actividades da organização que apresentam maior risco para o vosso sistema de informação?

Resposta: *Como referi anteriormente, as nossas relações comerciais com terceiros, os ataques de malware, as práticas de segurança inadequadas e a falta de atenção dos funcionários à política de segurança da organização.*

Q9 Que medidas adoptou atualmente para proteger o seu sistema de informação?

Resposta: *A segurança do nosso sistema de informação envolve várias actividades interligadas e, de acordo com a política da empresa, não entraremos em todos os pormenores. Em primeiro lugar, dado que a maior parte das nossas actividades são on-line, criámos uma rede privada virtual (VPN) segura que apenas permite o acesso autenticado aos nossos servidores, a fim de evitar a divulgação de informações classificadas e pelas suas capacidades de encriptação, anti-malware e anti-spyware.*

Adoptámos um plano de resposta à violação de dados, realizamos análises de risco regulares e tomamos medidas de segurança física, incluindo controlos de identidade. Também temos políticas e procedimentos de segurança em vigor, um dos quais estabelece que o pessoal não deve ligar ou conectar dispositivos de armazenamento externos que não pertençam à organização a qualquer sistema ou rede nas nossas instalações, uma vez que aprendemos com o incidente no RBS que um membro do pessoal tinha ligado um dispositivo de armazenamento externo ao seu sistema e que se seguiu um ataque.

As nossas redes são constantemente monitorizadas pelo nosso pessoal de TI; também utilizamos o PingPlotter e outros programas de monitorização de redes para identificar problemas através de um ecrã gráfico intuitivo.

Uma vez que utilizamos principalmente o sistema operativo Microsoft Windows, que é suscetível a ataques de vírus, conseguimos controlar o acesso não autorizado (intrusão) através da utilização do Active Diretory, que implementa políticas de segurança em todos os nossos sistemas, de modo a que qualquer instalação ou atualização de software tenha de ser autenticada e autorizada por um controlador de domínio. Atualmente, estamos a trabalhar numa parceria com uma empresa de TI para realizar funções de auditoria nas nossas aplicações de TI.

Q10. A sua organização já efectuou uma análise de risco do seu sistema de informação? Em caso afirmativo, com que frequência efectua essa análise?

Resposta: *Sim, efectuamos uma análise qualitativa dos riscos, mas não em todo o sistema de informação de uma só vez. Por exemplo, efectuamos testes de software no início de cada semana e as actualizações antivírus e anti-spyware do nosso sistema foram programadas para serem actualizadas automaticamente, mas verificamos de vez em quando se estão activadas e a funcionar corretamente. Cada sistema informático do sítio foi programado para efetuar uma verificação diária completa para detetar eventuais intrusões. Uma vez por mês, efectuamos um inventário dos nossos processos comerciais, o que nos permite atribuir as principais responsabilidades de segurança no nosso plano de segurança dos sistemas de informação. Uma vez identificados os riscos, analisamos e identificamos os potenciais efeitos e consequências de um evento.*

Q11: Considera que uma análise de risco do seu sistema de informação pode ajudá-lo a identificar e a atenuar as potenciais ameaças? Justifique a sua resposta

Resposta: *Sim, a análise de risco de um sistema de informação pode ajudar a identificar potenciais ameaças, mas cabe à organização lidar com essas ameaças antes que se transformem num ataque. Efectuamos uma análise de risco aos nossos sistemas e, em várias ocasiões, identificámos vulnerabilidades e conseguimos gerir essas situações antes que se agravassem.*

Q12 A sua organização está em conformidade com alguma das normas e quadros de gestão da segurança dos sistemas de informação?

Resposta: *Atualmente, existe um grande número de normas e enquadramentos para a gestão da segurança da informação. Aparentemente, muitas pequenas e médias empresas têm dificuldade em adotar um quadro de segurança adequado. Estudámos cuidadosamente as normas e os quadros e conseguimos adotar a ISO/IEC 27001 e o CobiT porque conseguimos implementar facilmente a metodologia da organização em conformidade com as normas e os* *quadros escolhidos. Já dispomos de controlos de segurança da informação, mas estes apenas abrangem os aspectos informáticos da segurança do nosso sistema de informação, deixando de fora os aspectos não informáticos, como o conhecimento proprietário e a documentação. Compreensivelmente, isto não protege o sistema de forma adequada, pelo que, para colmatar esta lacuna, optámos por adotar a norma ISO/IEC 27001.*

Q13 A sua organização está em conformidade com a norma ISSA-UK 5173 sobre segurança dos sistemas de informação para pequenas e médias empresas?

Resposta: *Diria que estamos em conformidade com a norma ISSA-UK 5173 Segurança da Informação para Pequenas e Médias Empresas, uma vez que é semelhante a outras estruturas e normas de segurança da informação, exceto pelo facto de ter como objetivo fornecer conselhos gratuitos, abertos e práticos às pequenas e médias empresas. Um facto importante sobre a norma de segurança ISSA-UK 5173 é que uma organização não precisa de se queixar ou de ser certificada pela ISSA-UK para a utilizar, o que constitui uma alternativa aos procedimentos habituais, morosos, centrados em auditorias e com uso intensivo de papel, adoptados pelas pequenas e médias empresas para proteger os seus sistemas de informação.*

Q14 Quais são as ameaças mais comuns ao sistema de informação da sua organização? Na sua opinião, o que está por detrás destas ameaças?

Resposta: *De momento, não posso enumerá-las todas, mas as principais são, sem qualquer ordem específica, malware, phishing, hackers e a evolução do panorama das ameaças. Outras são a falta de atenção dos funcionários às políticas de segurança, práticas de segurança deficientes, introdução incorrecta de dados, tentativas de realizar tarefas que ultrapassam as capacidades do funcionário, engenharia social, roubo e não cumprimento dos procedimentos de cópia de segurança. Como já referi, os ataques de hackers, phishing e malware são perpetrados por intrusos experientes ou podem também ser uma estratégia das empresas de antivírus para aumentar a procura dos seus produtos.*

Práticas de segurança inadequadas, tentativas de realizar tarefas que ultrapassam as capacidades do funcionário e introdução de dados incorrectos podem dever-se a negligência do funcionário.

Q15 Que medidas preventivas foram adoptadas para proteger os seus sistemas de informação?

Resposta: *Embora o nosso código de ética me impeça de lhe dar uma explicação detalhada sobre a forma como protegemos o nosso sistema de informação, posso dizer que temos o que é possível na maioria das organizações em termos de segurança, incluindo proteção física.*

Q16 A sua organização tem políticas de segurança dos sistemas de informação?

Resposta: *Sim, atualmente temos políticas de segurança que definem os objectivos do sistema de informação da nossa organização e descrevem as estratégias para atingir esses objectivos. Revemos periodicamente estas políticas para as atualizar e eliminar procedimentos obsoletos.*

Q17. O seu pessoal participa em acções de formação sobre segurança dos sistemas de informação? Em caso afirmativo, com que frequência?

Resposta: *De facto, não organizámos qualquer formação interna em segurança da informação para o nosso pessoal, embora a maioria seja certificada. No entanto, de vez em quando, sensibilizamo-los para a importância da segurança dos dados, para a necessidade de estarem atentos aos perigos das burlas, aos riscos de software malicioso e ao cumprimento da legislação em vigor (ou seja, leis de proteção de dados e de liberdade de informação).*

Q18 Quais são as suas prioridades em termos de segurança dos sistemas de informação?

Resposta: *Como diretor desta organização, as minhas prioridades em termos de segurança dos sistemas de informação são proteger a organização e os seus activos (sistema de informação), criando uma cultura de segurança baseada nos nossos processos empresariais e não no ambiente tecnológico habitual, e conceber um sistema de informação que não seja nem demasiado controlado nem demasiado descontrolado.*

Q19 Enquanto membros da equipa de gestão da sua organização, considera que a segurança dos sistemas de informação é uma questão de gestão ou uma questão de tecnologia da informação? Porquê ou porque não?

Resposta: *Não se trata apenas de um problema dos gestores ou das TI, mas de toda a empresa. Na Empresa B, todas as partes interessadas da organização estão envolvidas na* *segurança do nosso sistema de informação. Por exemplo, a direção desenvolve um conjunto abrangente de políticas e utiliza procedimentos adequados. Comunica eficazmente estas políticas e procedimentos a todos os utilizadores autorizados (funcionários e clientes) através do departamento de TI. É também importante notar que estas políticas não são consideradas políticas de TI, mas sim políticas da organização. Aparentemente, a segurança informática inclui políticas de gestão, a sua aplicação e a utilização da tecnologia envolvida, pelo que a descreveria como uma questão empresarial.*

Q20: Em caso de ataque ao sistema de informação da sua organização, existe um plano de salvaguarda para garantir que a sua empresa continua a funcionar até que os serviços sejam restabelecidos?

Resposta: *Sim, criámos uma cópia de segurança de todos os nossos dados, que está armazenada na nuvem. É actualizada regularmente e só é acessível por um administrador, a fim de garantir a confidencialidade, a integridade e a autenticidade de todas as informações armazenadas. Assim, por exemplo, no caso de um ataque de malware aos nossos sistemas, temos processos para formatar e restaurar todas as informações, embora pareça fácil, é um processo difícil.*

Apêndice E: Formulário de síntese da entrevista.

Entrevistador : Roberts A. Ogosu.

Cargo da pessoa entrevistada: Diretores da empresa A e da empresa B

Data(s) da entrevista: Entre 20/03/2013 e 28/03/2013

Local da entrevista: Escritórios da empresa A e da empresa B

I. **Onde é que a entrevista teve lugar? Foi adequada? Em caso negativo, o que deve ser alterado em futuras entrevistas?**

A entrevista teve lugar nos escritórios da empresa A e da empresa B, respetivamente. Na opinião do entrevistador, o local era adequado porque os diretores estavam descontraídos e dispuseram de tempo para responder às perguntas.

II. **O programa de manutenção funcionou bem? Em caso negativo, deverá ser alterado ou melhorado no futuro?**

Devido aos horários ocupados dos diretores das várias organizações, foi difícil marcar uma data para a entrevista. O entrevistador efectuou várias visitas à empresa B antes de ser finalmente acordada uma data. O investigador parte do princípio de que estas organizações estavam cépticas em relação à divulgação de informações sobre os seus sistemas de informação, uma vez que os piratas informáticos poderiam disfarçar-se de estudantes que fazem investigação para extrair informações confidenciais. Por outro lado, foi mais fácil marcar uma entrevista com os responsáveis da empresa A, uma vez que o investigador está atualmente a trabalhar com esta organização.

Devido às dificuldades encontradas na marcação de entrevistas com a direção da empresa B, o investigador sugere que, para facilitar futuras investigações, os investigadores obtenham cartas dos chefes de departamento, dirigidas à direção destas organizações, uma vez que estas cartas autenticarão o seu pedido de investigação.

III. **Foi fácil estabelecer uma relação com o entrevistado?**

Uma vez acordado o programa de entrevistas, o investigador informou os entrevistados (os diretores das duas organizações) de que todas as informações recolhidas durante a entrevista seriam utilizadas apenas para efeitos da investigação e não seriam transmitidas a terceiros, e que os nomes dos entrevistados não seriam mencionados no sítio Web. Os entrevistados ficaram satisfeitos e foi fácil estabelecer uma relação com eles.

IV. **Quais foram os principais temas e tópicos de interesse discutidos durante a entrevista?**O principal tema de interesse durante as entrevistas foi a situação de segurança dos seus sistemas de informação. Durante as entrevistas, o investigador e os gestores das duas organizações discutiram questões como o nível de segurança do sistema de informação da organização, o processo de análise de risco utilizado para identificar os pontos fracos, as normas e os quadros de segurança da informação (por exemplo, CobiT, ITIL, série ISO 27000), as ameaças à segurança do seu sistema de informação e o que pensavam estar a causar essas ameaças. Outros tópicos abordados incluíram as políticas de segurança da organização, a formação do pessoal em conformidade com as normas de segurança e o facto de a segurança do sistema de informação ser uma questão de gestão ou uma questão de tecnologia da informação.

V. **O entrevistado está satisfeito com o procedimento da entrevista?**

Os gestores de ambas as organizações estão satisfeitos com o procedimento de entrevista, que os ajudou a identificar certas deficiências de segurança nos seus sistemas de informação e a encontrar formas de as melhorar.

Apêndice F: Formulário de síntese do grupo de discussão

Observador: Roberts Ogosu

Grupo: Pessoal da empresa A e da empresa B

Localização: Escritórios da empresa A e da empresa B, respetivamente.

Data(s) : Entre 20/03/2013 e 28/03/2013

I. Onde e como decorreu a observação do grupo de discussão? O local foi adequado? Em caso negativo, o que deve ser feito em caso de futuras observações?

O pessoal da Empresa A e da Empresa B foi observado nos seus diferentes locais de trabalho, respetivamente, e, nesta ocasião, o investigador tomou notas de campo como parte da recolha de dados primários para apoiar o processo de investigação. Na opinião do investigador, o local era adequado em ambos os casos, uma vez que se tratava do seu ambiente de trabalho habitual.

II. Quantas pessoas estiveram envolvidas no processo e quem eram elas?

No total, foram observadas 12 pessoas, incluindo 7 membros do pessoal da empresa A e da empresa B. Estas pessoas ocupam uma variedade de funções, desde gestor de TI a contabilista, secretário e gestor de operações comerciais. As actividades dos diretores (CEO e CIO) também foram observadas e foram tomadas notas.

III. A calendarização do processo (de observação) funcionou bem? Justifique a sua resposta.

O processo de observação na empresa B começou um pouco tarde, uma vez que o entrevistador teve de obter autorização dos diretores antes de iniciar o exercício e, devido aos horários ocupados dos diretores, foi difícil começar. O calendário do processo na Empresa A funcionou bem porque o entrevistador é um membro do pessoal e, devido à relação existente entre eles, foi fácil marcar um dia para o processo.

IV. Em que é que o investigador estava mais interessado durante o exercício?

O investigador pretendia identificar de que forma certas actividades do pessoal de uma organização poderiam conduzir a uma violação da segurança do seu sistema de informação, algumas das ameaças comuns ao sistema de informação com que trabalha, como e de onde emanam essas ameaças (na sua opinião), se existem medidas preventivas e se a organização tem políticas de segurança em vigor. O investigador também observou a forma como a organização gere os fluxos de informação e de dados e tomou notas para apoiar o processo de investigação.

Apêndice G: Plano do projeto utilizando o diagrama de Gantt

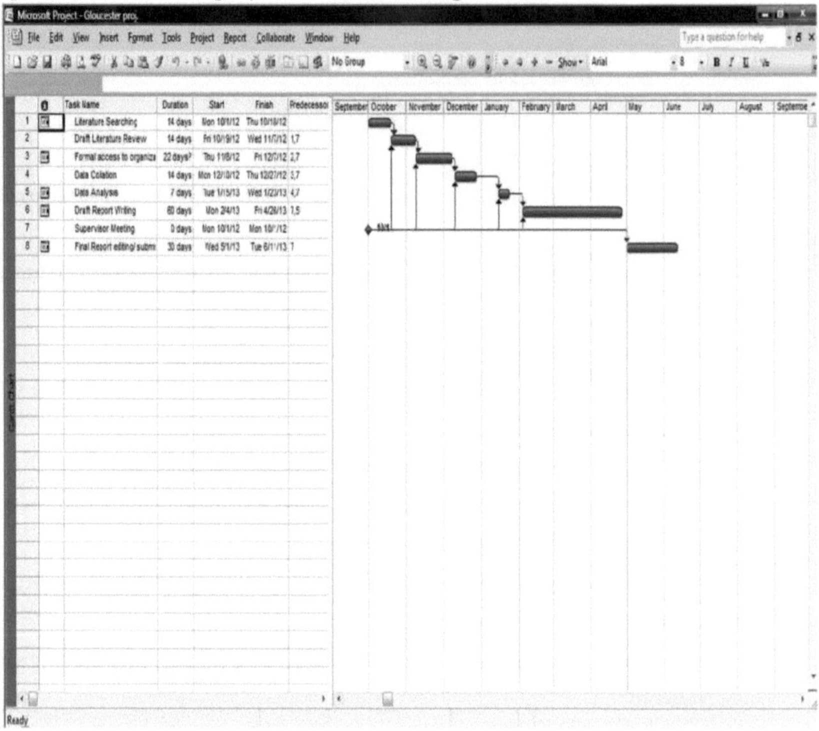

Uma interpretação do diagrama de Gantt acima.

outubro de 2012: Pesquisa documental

outubro - novembro de 2012: Projeto de revisão da literatura

Nov' - dezembro de 2012: Acesso formal às PME para recolha de dados primários

dezembro de 2012: Recolha de dados

janeiro de 2013: Análise de dados

fevereiro - abril de 2013: Elaboração do relatório

outubro de 2012 - maio de 2013: reuniões dos supervisores

maio - junho: Redação/apresentação do relatório final

Apêndice H: Proposta de processo de análise de risco pormenorizada para as PME

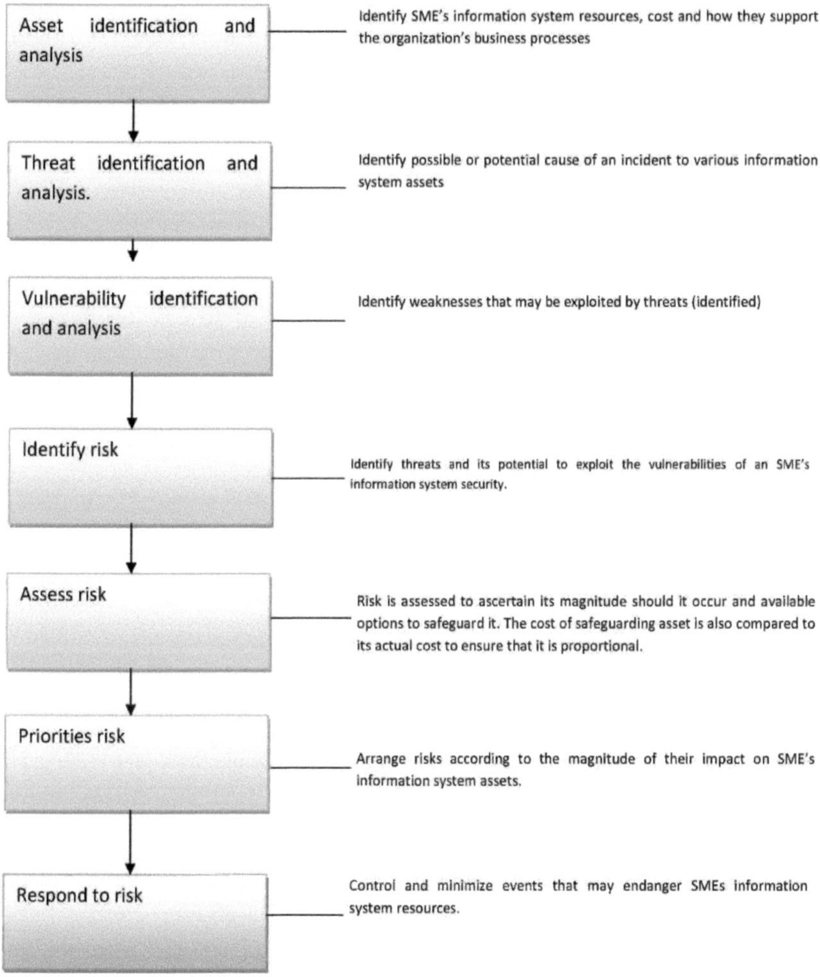

Fonte: Análise do investigador

MIX
Papier aus verantwortungsvollen Quellen
Paper from responsible sources
FSC® C105338

Printed by Books on Demand GmbH, Norderstedt / Germany